PSICOPATAS do cotidiano

KATIA MECLER

PSICOPATAS do cotidiano

como reconhecer, como conviver, como se proteger

Redação final
Leticia Helena

Copidesque
Debora Fleck

Revisão
Nina Lopes

Capa
Leandro Dittz

Fotos de capa
Wtamas, Subbotina Anna e Elnur / Shutterstock.com

Projeto gráfico de miolo
Fernanda Mello

Diagramação
Abreu's System

CIP-BRASIL. CATALOGAÇÃO NA FONTE
SINDICATO NACIONAL DOS EDITORES DE LIVROS, RJ

M435p

Mecler, Katia
Psicopatas do cotidiano : como reconhecer, como conviver, como se proteger / Katia Mecler. – Rio de Janeiro : Casa da Palavra, 2015.
256 p. : il. ; 21 cm

Inclui bibliografia
ISBN 978-85-7734-570-0

1. Psicopatas. 2. Psicologia. I. Título.

15-23776

CDD: 616.8582
CDU: 616.89-008.1

EDITORA CASA DA PALAVRA
Avenida Calógeras, 6 | sala 701
20030-070 – Rio de Janeiro – RJ
www.casadapalavra.com.br

SUMÁRIO

Prefácio 9
Emergência de um grande hospital, madrugada 13
Jeito de ser 21
Perturbados e perturbadores 39
Perturbados e perturbadores: isso é loucura? 51

Grupo A

Esquizoide: "Não levaria ninguém para uma ilha deserta." 65
Esquizotípico: "No limite." 83
Paranoide: "De olhos bem abertos." 99

Grupo B

Antissocial: "Os fins justificam os meios." 119
Borderline: "Por um fio." 137
Histriônico: "Minha vida daria uma novela." 157
Narcisista: "Sabe com quem está falando?" 175

Grupo C

Dependente: "Por você eu largo tudo." 195
Evitativo: "Na moita." 211
Obsessivo-Compulsivo: "Linha dura." 225

Salvando a própria pele 245
O inferno são os outros 250
Bibliografia 254
Agradecimentos 255

A arte de viver é simplesmente a arte de conviver...
Simplesmente, disse eu? Mas como é difícil.

Mário Quintana

Aqueles que passam por nós não vão sós,
não nos deixam sós. Deixam um pouco de si,
levam um pouco de nós.

Antoine de Saint-Exupéry (*O Pequeno Príncipe*)

In memorian ao meu pai, Abrahao Mecler

PREFÁCIO

A taxonomia das entidades clínicas em psiquiatria oferece um espectro amplo de dificuldades tanto doutrinárias quanto técnicas. Quando procuramos identificar, particularizar ou classificar os transtornos mentais, encontramos questões e problemas advindos da história da medicina e da psiquiatria, da ideologia, da maneira de pensar, do ambiente social, da cultura vigente e até das opções políticas. Tal se dá, entre outras razões, pela dificuldade de aplicação do modelo biomédico nos transtornos mentais.

Na individuação das enfermidades ou doenças temos duas maneiras básicas de classificação: o modelo biomédico e o modelo psicossocial.

O modelo biomédico exige para a taxonomia das enfermidades que possamos determinar com clareza e segurança qual a etiologia da doença, ou seja, qual sua causa morfopatológica ou fisiopatológica, causa esta que deve ser única para aquela doença. Deve ser estabelecida também a patogenia – o mecanismo pelo qual a causa produz a doença: como as alterações anatomopatológicas ou fisiopatológicas levam ao estabelecimento dos sinais, sintomas ou indícios clínicos da enfermidade. A história natural também deve ser instituída: como a doença vai evoluir e o que ela vai causar em seu padecente, as manifestações físicas, psíquicas e sociais. Esse modelo é plenamente aplicado nas doenças físicas ou somáticas. Tomemos como exemplo o diabetes. Sabemos claramente sua causa – alterações no metabolismo dos glicídios –, como tais alterações produzem os sintomas e como a doença evolui.

Já com as doenças mentais, não temos tal facilidade. Com exceção das demências e das oligofrenias moderadas, graves e profundas, o modelo biomédico é aí de difícil aplicação. Tanto que tais entidades podem ser consideradas mais neurológicas que psiquiátricas. Nas psicoses, particularmente nas antigamente chamadas endógenas – esquizofrenia e psicose maníaco-depressiva (transtorno bipolar do humor), ele pode ser aplicado, mas com adaptações e pressupostos, o que torna tal objetivo sujeito a contestação e dificuldades de verificação empírica.

Mas um grande contingente de transtornos mentais – se assim podemos nomear tais entidades – fica inteiramente fora da aplicação do modelo biomédico. Estamos falando das neuroses e das psicopatias (transtornos de personalidade). Não é possível estabelecer uma etiologia definida e incontestável, a patogenia é inteiramente desconhecida, e a evolução, imprevisível. E então, por que razão são consideradas transtornos, doenças ou enfermidades?

A solução, considerada por muitas correntes do pensamento contemporâneo como arbitrária, ideológica, desumana e totalitária, é a aplicação do modelo psicossocial. São transtornos porque assim o exigem a história das mentalidades, a sociedade, a cultura, os valores vigentes e – por que não? – os que detêm o poder.

As psicopatias (transtornos de personalidade) pertencem a esse grupo. São "perturbados", "transtornados", "doentes" porque estão fora da norma sociocultural vigente, não funcionam como deles se espera (a família, o grupo, a comunidade, a sociedade), incomodam, criam problemas, são esquisitos e diferentes, infringem a lei e os costumes, não se adaptam, não produzem, não rendem e assim por diante.

Tal contingente de pessoas "anormais" começou a ser identificado quando o capitalismo comercial e industrial passou a dominar a economia mundial. Na Idade Média eram considerados no máximo como marginais (à margem da sociedade): vagabundos, prostitutas, bandoleiros, mendigos e outros, mas não "doentes". Agora, no entanto, era preciso que entrassem na ordem de produção. O capitalismo, em especial o industrial, não tolera aqueles que não produzem. O calvinismo, seita protestante fundada no início da reforma protestante, veio dar um colorido religioso a essa ideologia: a acumulação do capital e a riqueza eram provas da benevolência de Deus e da salvação eterna.

No século XVIII, em suas etapas finais, o Iluminismo, a ilustração veio em socorro desses anormais e selecionou dentre eles os que poderiam ser considerados "doentes". Assim, criou-se a categoria dos degenerados morais e mais tarde dos psicopatas. Hoje tanto a classificação internacional de doenças (a CID-10) quanto a classificação norte-americana de doenças mentais o incluem em seus itens e individualiza a categoria e subtipos.

O livro de Katia Mecler é uma magnífica revisão do assunto, e o coloca ao alcance de todos os interessados, e não apenas médicos, psicólogos e demais profissionais de assistência humana. De leitura amena e agradável, vai traçando o perfil das psicopatias e, mais importante, fornecendo subsídios para que a completa compreensão do problema ajude os que trabalham na área ou convivem, na família, no trabalho e nos grupos sociais com essas pessoas "especiais".

Miguel Chalub
Chefe do setor de perícias do Instituto de
Perícias Heitor Carrilho, no Rio de Janeiro

EMERGÊNCIA DE UM GRANDE HOSPITAL, MADRUGADA

Paula, 27 anos, acaba de dar entrada na emergência. Sofreu um acidente ao dirigir bêbada e em alta velocidade. O motivo é o de sempre: brigou com o namorado, após flagrá-lo flertando com outras mulheres numa balada. Ela fez um escândalo e ele avisou que não aguentava mais seus altos e baixos, pondo fim ao relacionamento. A família da garota é avisada e chega ao hospital. O pai, Marcos, é executivo de uma multinacional. Extremamente metódico, detesta mudanças e está irritado por ter que sair da rotina de ver seu seriado favorito na madrugada de sábado para socorrer a filha. A mãe surge como um furacão. Aos 48 anos,

Sandra, sensual e exuberante, faz da vida um palco. O fato de estar na recepção de um hospital não afeta seu jeito espalhafatoso. Grita por Paula e, com gestos teatrais, conta a todos sobre sua dedicação à família, que, segundo ela, não retribui com a mesma atenção. Diante da cena, a irmã gêmea de Paula, Fernanda, tenta passar pelo saguão sem ser notada. Herdou a beleza da família, mas, ao contrário da irmã inquieta e da mãe dramática, é tímida e sente-se rejeitada por todos. Dedica-se a escrever poemas e a levar uma vidinha caseira, sem grandes emoções. A família é recebida pelo médico Eduardo, o chefe da emergência. Jovem, boa-pinta, teve uma ascensão meteórica. Para os superiores, ele é o cara que consegue resultados rápidos e sem grandes esforços. Os subalternos, porém, não se acostumaram com seu jeito de culpar o grupo pelos erros e guardar os elogios só para si. A enfermeira Sônia aceita calada as humilhações. Afinal de contas, ela acredita que conseguir um emprego não é fácil, mesmo para alguém com um currículo tão impecável quanto o seu. E, aos 40 anos, ainda conseguiria atrair a atenção de um homem tão interessante quanto o doutor Eduardo. Assim, aceita os encontros às escondidas e faz vista grossa para suas escapadas. No hospital, sua única distração é conversar com a missionária Luz do Sol. Na certidão de nascimento, ela é Ana Cristina, mas adotou o nome místico após uma revelação. Ganha a vida como terapeuta holística, cria cinco gatos e, nas horas vagas, percorre as enfermarias oferecendo cura espiritual aos pacientes. Seu jeito excêntrico – cada dia da semana se veste com uma cor diferente – a tornou uma figura popular. O administrador do hospital, Osvaldo, não tira os olhos dela. Sempre vigilante, ele desconfia de tudo e de todos. Não gosta de brincadeiras e enxerga inimigos inclusive nas sombras. Entre os colegas, tem fama de encrenqueiro: implica até quando encontra um lápis fora do lugar e tem certeza de que quem não cumpre suas ordens está querendo prejudicá-lo. Fora do trabalho, também vive às turras com os vizinhos. Ultimamente, anda cismado com o novo laboratorista, Ronaldo, a quem, ironicamente, chama de homem-bomba. Barba por fazer, cara de poucos amigos – na verdade, não considera ter amigo algum –, Ronaldo adora o turno da madrugada, já que consegue passar vários plantões sem falar com ninguém. Sabe que os colegas o consideram esquisito, mas não liga. Mora sozinho e praticamente só sai de casa para trabalhar. Nas horas vagas, gosta de jogar videogames de guerra e de navegar em sites que pregam a decadência da raça humana. Esta madrugada, porém, a emergência está caótica e a enfermeira Sônia pede a Ronaldo que entregue o resultado de um exame diretamente ao doutor Eduardo. No corredor, o laboratorista se depara com Rodrigo. Nunca esqueceu aquele rosto. Foram colegas de escola. Rodrigo colava nas provas, trocava de namorada como quem troca de roupa (deixando uma legião de jovens viúvas), fazia bullying *com ele – ainda é capaz de escutar os gritos de "ET" e "retardado" – e acabou sendo expulso por vender drogas. Mas a vida tem dessas coisas, e Rodrigo seguiu em frente. Sedutor e com uma incrível capacidade de convencer as pessoas a fazerem o que ele quer, arrumou um ótimo emprego. Até se envolveu num escândalo de corrupção, que, naturalmente, não deu em nada. E, lógico, está sempre rodeado de lindas mulheres, como Paula, a garota do acidente. Os dois se conheceram numa festa regada a sexo e drogas e vivem como cão e gato. Rodrigo está sempre em busca de novos prazeres e Paula entra em uma crise após a outra, até a reconciliação seguinte.*

Ficção ou realidade? Os personagens descritos acima se esbarram num hospital, mas poderiam estar num escritório, na pracinha da esquina, numa festa ou mesmo na casa de alguém. Bastam cinco minutos para você identificar a instável, o inflexível, a teatral, a insegura, o arrogante, a submissa, a lunática, o desconfiado, o misantropo e o transgressor. É claro que estas podem ser apenas características individuais, que não preenchem critérios para um diagnóstico psiquiátrico. Mas também podem estar presentes em pessoas que, por seu comportamento repetitivo, peculiar e capaz de gerar prejuízo, causam danos físicos e psicológicos a si mesmas ou aos que estão ao seu redor. Elas nos seduzem, manipulam, surpreendem, espantam, assustam, sufocam. Tudo em seu comportamento é exagerado: amor demais, carência demais, desconfiança demais, controle demais, raiva demais. Invariavelmente, passam a impressão de que alguma coisa está fora da ordem.

E está mesmo. A partir do fim da adolescência, os indivíduos com essa natureza apresentam um jeito de ser caracterizado por um padrão de comportamento inflexível e repetitivo, que causa prejuízo significativo na maneira como se relacionam afetivamente, em sociedade, no trabalho ou na família. Podemos chamá-los de psicopatas do cotidiano. É preciso deixar claro que, neste livro, psicopatia se refere à atual classificação médico-psiquiátrica denominada "transtornos específicos da personalidade" Pessoas com esses transtornos, com frequência e sem perceber, causam intenso sofrimento a quem convive com elas. Elas não perdem o juízo da realidade ou sofrem com surtos, delírios e alucinações. A maneira como interagem com o mundo é que as torna de difícil convivência. Mas, atenção: ao contrário do senso comum dos últimos anos, popularizado na mídia e na cultura pop, o transtorno de personalidade não é uma condição necessariamente associada a crimes bárbaros e cruéis.

Somos bombardeados, diariamente, com notícias sobre crimes sexuais, casos de assédio moral, assassinatos por motivo torpe ou fútil, violência doméstica, maus tratos a animais. O psicopata do cotidiano tanto pode ser um líder místico que convence seus seguidores ao suicídio coletivo quanto um garoto que depreda patrimônio público e posta foto de seu ato na internet. Mas seus traços de personalidade também aparecem nos motoristas que perdem a cabeça no trânsito, nos vizinhos que vão parar na delegacia após uma discussão no condomínio ou nos pais e nas mães que fazem chantagem emocional com os filhos até levá-los a tomar atitudes contrárias às suas vontades.

Em maior ou menor grau, esses indivíduos deixam marcas em nossas vidas. Compreendê-los e aceitá-los parte de um simples princípio: eles são assim, não entendem o problema e se recusam a tratá-lo. No máximo, após um longo processo de autoconhecimento, conseguem entender o mecanismo de repetição de suas atitudes e minimizar seus efeitos.

Nas redes sociais, porém, é comum encontrar sites, blogs e fóruns escritos e compartilhados por pessoas supostamente já diagnosticadas com algum transtorno de personalidade ou que se identificam com esse ou aquele traço. Em geral, são publicações que questionam o diagnóstico, põem em dúvida a eficácia do tratamento proposto ou difundem opiniões sobre o uso de medicamentos. Frases como "não tenho isso", "o médico falou, mas não acredito", "qual é o problema de ser um pouco assim ou assado?" se repetem em todos esses meios. Fica fácil compreender que mesmo quem já teve o problema identificado continua não aceitando sua condição. Pessoas que convivem com indivíduos que têm transtornos de personalidade também aproveitam a capilaridade da rede para dividir suas experiências e buscar apoio. Muitas se classificam como vítimas e fazem relatos dramáticos de agressões e abusos físicos e psicológicos.

Este livro não substitui o diagnóstico clínico feito por um profissional especializado. Apenas aponta as características que levam as pessoas a agirem como se tivessem "um parafuso a menos", na deliciosa definição que nossas avós davam ao que não se conseguia explicar cientificamente. Para quem tem contato com um desses psicopatas do cotidiano, será uma oportunidade de descobrir mecanismos que ajudam a manter a própria integridade, física ou psicológica, sem abrir mão da convivência.

JEITO
DE
SER

PAULA, Rodrigo, Marcos, Fernanda... Todos esses personagens fictícios reúnem traços de um ou mais transtornos de personalidade. Mas por que eles são assim? E por que esse *jeito de ser* é considerado prejudicial? Entender o que se passa com um indivíduo "cabeça dura", de "maus bofes", de "gênio difícil", "esquisitão", "pipa avoada", "pavio curto" e tantas outras definições populares requer, como primeiro passo, saber que a nossa forma de sentir, pensar, nos comportar, o nosso *jeito de ser,* aquilo que nos diferencia uns dos outros, é o que denominamos de **personalidade**.

Mas o que seria a personalidade? Ao longo da história, cientistas e pesquisadores se debruçaram sobre a questão e, hoje, uma teoria amplamente aceita indica que se trata do resultado da combinação e da interação entre dois componentes: o **temperamento** e o **caráter**. O temperamento é herdado geneticamente e regulado biologicamente. Já o caráter está ligado à relação do temperamento com tudo o que vivenciamos e aprendemos na relação com o mundo exterior. Portanto, a personalidade é considerada uma organização dinâmica, resultante de fatores de ordem biopsicossocial.

Nascemos com as sementes do bem e do mal, mas como elas vão germinar, crescer e dar frutos depende de uma série de fatores que irrigarão a nossa existência. Basta observar a personalidade de gêmeos monozigóticos. Eles têm bagagens genéticas idênticas, mas interagem, apreendem e assimilam fatos e situações de forma única. Não raras vezes, chegam a nos surpreender com reações opostas em determinada circunstância.

De maneira resumida, o temperamento seria a predisposição biológica para as sensações, motivações e reações automáticas no plano emocional. Ele é a base do nosso humor, o ingrediente que nos dá o tempero e o colorido emocional, permanecendo relativamente estável ao longo da vida. A ciência já comprovou que nossa herança genética não se limita apenas à cor dos olhos, dos cabelos ou da pele, à estatura, aos distúrbios metabólicos e, às vezes, às malformações físicas. Ela também influencia nossas tendências e respostas comportamentais.

Desde os primeiros anos de vida, podemos observar o "gênio" de uma criança, isto é, a maneira peculiar como ela percebe, sente e reage às experiências. Umas são mais tolerantes a frustrações, outras são tímidas, há as extrovertidas, as ansiosas, as calmas, enfim, cada uma tem sua natureza no plano emocional. Tanto que dizem: ele é uma pimenta, ela é um doce de coco...

Coube a Hipócrates, considerado o pai da medicina, na Grécia Antiga, a primeira tentativa de estabelecer uma classificação para o temperamento, partindo do princípio de que os quatro fluidos essenciais do corpo humano (sangue, bile, fleuma e bile negra) regulariam as emoções. Assim, de acordo com a predominância de determinado fluido, os indivíduos seriam, respectivamente, classificados como sanguíneos, coléricos, fleumáticos ou melancólicos. Cada um desses temperamentos expressaria algumas tendências em termos emocionais e comportamentais.

O TIPO SANGUÍNEO é sociável, expansivo e otimista. Por outro lado, também é irritável, disperso e impulsivo. »

O TIPO FLEUMÁTICO é sonhador, pacífico e dócil, mas pode se tornar preguiçoso, preso a hábitos e distante das paixões.

O TIPO COLÉRICO é determinado, ambicioso e dominador. Em contrapartida, tem propensão a reações abruptas e explosivas.

O TIPO MELANCÓLICO, por sua vez, tende a ser introspectivo, sensível e reflexivo. E, pelo lado negativo, é pessimista, rancoroso e solitário. •

De Hipócrates ao século XXI, surgiram outras definições para temperamento. Atualmente, uma das mais aceitas é a das quatro dimensões – evitação de danos, busca de novidades, dependência de recompensa e persistência –, estabelecida pelo psiquiatra americano Robert Cloninger, a partir da década de 1990. É importante destacar que cada pessoa pode apresentar uma ou mais dessas dimensões, em maior ou menor grau. E esses temperamentos também tendem a ser mais ou menos adaptativos e a se sobressaírem ou a se retraírem de acordo com a situação.

A EVITAÇÃO DE DANOS é a tendência a se retrair ou a parar de agir diante de uma adversidade. Está relacionada ao pessimismo, à apreensão, ao medo e à timidez. O indivíduo evita situações que possam ser ameaçadoras ou frustrantes. A cautela o protege do perigo real. Em contrapartida, cria um freio natural a experimentações. Alguém com baixa tendência à evitação de danos é um sujeito ousado, otimista, extrovertido e cheio de energia para o que é novo.

A BUSCA DE NOVIDADES está relacionada à propensão a novas atitudes diante de estímulos externos, ou seja, uma tendência à excitabilidade, à impulsividade e ao comportamento exploratório. É o que move e moveu o ser humano a deixar a caverna e descobrir o mundo lá fora. É um traço que torna o indivíduo empreendedor e capaz de iniciar projetos. Por outro lado, quando impedido de buscar o novo, ele tende a sentir tédio e raiva e a agir de forma impensada ou agressiva. Pessoas com baixa tendência à busca de novidades são retraídas, discretas, resignadas e reflexivas. »

A DEPENDÊNCIA DE RECOMPENSA implica manter comportamentos previamente associados à conquista de prêmios ou recompensas. É uma característica atrelada às relações sociais e se manifesta na tendência à sensibilidade, ao sentimentalismo e à necessidade da aprovação de terceiros. Esse traço facilita os trabalhos em grupo, a comunicação e o entrosamento. Indivíduos pouco inclinados à dependência de recompensa são frios, reservados e excessivamente independentes.

A PERSISTÊNCIA É a capacidade que o sujeito apresenta de se dedicar a tarefas e atividades de longo prazo, mesmo contando apenas com uma promessa de recompensa no futuro. Os indivíduos tendem a se adaptar a uma rotina e a segui-la, por acreditar que ela servirá a sua realização pessoal. Em contrapartida, a baixa tendência à persistência pode ser sinônimo de preguiça e apatia. •

Sobre o **caráter**, podemos dizer que ele está associado à consciência que a pessoa tem de si, dos outros e do mundo que a rodeia. À luz da ciência moderna, a ideia de que cada um de nós nasce com uma índole, boa ou má, foi substituída pelo conceito de que temos livre-arbítrio para agir de acordo com nossos princípios, mas sem ignorar o fato de que somos parte integrante de um grupo social. Assim, na formação do caráter, há um componente biológico e outro ambiental. O caráter seria a porção aprendida, influenciada pelo temperamento e, ao mesmo tempo, capaz de influenciá-lo. Portanto, por mais força que o componente biológico tenha na formação da personalidade, as experiências vividas e o aprendizado contribuem para a equação final, sempre dinâmica.

Neste sentido, Cloninger propôs três fatores de caráter: autodiretividade, cooperatividade e autotranscendência. Pessoas com níveis baixos de autodiretividade e cooperatividade tendem a apresentar traços patológicos de personalidade. Na linguagem popular, são chamados de indivíduos com "má índole", "mau caráter", "imaturos" e "infantis", entre outras denominações.

O fator autodiretividade está ligado à retidão de propósitos, ou seja, a características como responsabilidade, objetividade e autoconfiança. A pessoa conhece suas limitações e emoções e não transforma um eventual fracasso em uma derrota insuperável. Como planeja e age na direção de suas metas, não se perde em idealizações e fantasias, sendo otimista em relação ao futuro e arranjando de forma pragmática soluções para os problemas.

Mas se o fator autodiretividade for baixo, acontece o oposto. Em vez de encarar as dificuldades, o indivíduo prefere culpar-se excessivamente ou atribuir culpa aos outros. Tende a viver num estado de letargia, evitando desafios, e pode se refugiar em fantasias. A passividade é comum, como consequência do excesso de pessimismo e da fixação em referências do passado. Outro aspecto é que a satisfação nesses casos é fugaz, o que leva o sujeito a correr riscos, como abusar de drogas, fazer sexo sem proteção ou dirigir com irresponsabilidade. Sua competência para resolver problemas é restrita.

O fator cooperatividade, por sua vez, é a nossa capacidade de aceitar as pessoas como elas são e de lidar de maneira positiva com as críticas que recebemos. Também se refere a conceitos como empatia, que é a possibilidade de nos colocarmos no lugar do outro. Está relacionado, ainda, à habilidade de agirmos como conciliadores em situações de conflitos, de sermos justos e igualitários e de admirarmos as vitórias alheias.

Agora, uma pessoa com níveis baixos do fator cooperatividade tende a ser intolerante e desatenta aos sentimentos de terceiros. Sua independência excessiva faz com que seja pouco solidária, chegando até a atrapalhar a caminhada do outro. A necessidade de dominar também pode fazer com que esteja sempre tentando tirar vantagem de tudo. O indivíduo se torna invejoso e mesquinho.

O fator autotranscendência envolve a característica humana de ir além da existência individual. São os nossos valores espirituais, que podem se expressar na ética, na arte, na cultura ou na crença em um poder divino. O fundador da psicanálise, Sigmund Freud, tratou esses conceitos como "sentimentos oceânicos". Na avaliação de especialistas, esse fator estaria relacionado, por exemplo, a alcançar estados de consciência que nos levam a esquecer momentaneamente as noções de tempo e espaço. Isso nos torna imaginativos, intuitivos e idealistas. Pessoas com níveis baixos do fator autotranscendência tendem a se tornar materialistas. Para elas, "ter" seguramente vale mais do que "ser".

A AUTODIRETIVIDADE é a capacidade de controlar, regular e adaptar nosso comportamento. Está ligada a características como integridade, honra, autoestima, liderança e esperança de que é possível vencer » obstáculos e seguir em frente. Também trata da maneira que o indivíduo age para atingir seus objetivos.

A COOPERATIVIDADE é o que nos leva a aceitar os outros e criar elos com eles. É um fator ligado à empatia, ou seja, à capacidade de se colocar no lugar do outro, e à compaixão. O sujeito desenvolve consciência e senso de comunidade.

A AUTOTRANSCENDÊNCIA é a noção de que todas as pessoas e coisas fazem parte de um conjunto universal. Essa característica está relacionada ao movimento de sairmos da nossa onipotência para compormos um todo. •

Com tantos fatores em discussão, o fato é que a complexidade do comportamento humano vem gerando controvérsias há séculos. A personalidade resulta da combinação de fatores biológicos e ambientais, mas a ciência ainda não consegue precisar qual o peso de cada um desses elementos em sua formação. Ao longo da história, a balança já pendeu para um e para outro lado, nunca sendo conclusiva.

Em determinadas épocas, havia a certeza de que o homem nasce com determinada índole que é imutável. Em outras, predominou a tese de que o meio pode, sim, influenciar o jeito de ser de um indivíduo.

Mesmo sem saber a proporção exata da influência do meio na formação do caráter, é evidente que viver num ambiente positivo, com afeto, condições sociais adequadas e noção de valores como compaixão e empatia pode aumentar a chance de uma pessoa não desenvolver um traço patológico de personalidade. No livro *Por dentro do psicopata*, o professor de psiquiatria e comportamento humano James Fallon, da Universidade da Califórnia, relata sua experiência com o estudo dos cérebros de quem foi condenado por cometer crimes em série. Por meio de tomografias, ele buscava padrões semelhantes e descobriu que todos os indivíduos investigados tinham baixa atividade nas áreas associadas à empatia, à moralidade e ao autocontrole.

Ao comparar as imagens dos criminosos com as de pessoas comuns, Fallon descobriu um caso semelhante. E de quem era aquela tomografia? Do próprio neurocientista. Intrigado, resolveu ir além. Um exame de DNA constatou que ele tinha genes associados à ausência de empatia, a comportamentos agressivos e violentos. Conversando com a família e amigos, Fallon descobriu que todos identificavam nele uma espécie de lado negro, que parecia sob controle, mas que tornava o neurocientista uma pessoa arrogante e, muitas vezes, fria emocionalmente. A mãe lhe contou que, desde pequeno, observara que havia algo estranho no filho, e que por isso passara a minimizar essa tendências, estimulando outras mais positivas. Por fim, revelou a Fallon que, na sua família paterna, havia diversos criminosos.

Ou seja, a pesquisa indica que, mesmo quando você nasce com uma determinada carga genética, o ambiente pode modificá-la. A questão é realmente polêmica. Há estudos que defendem tanto que as características inatas são imutáveis quanto os que indicam que o ambiente é decisivo.

As histórias da vida real também parecem seguir o mesmo caminho. O avô de um menino de 12 anos, apreendido pela polícia após furtar um cordão de ouro, afirma: "Casa que não tem fundação boa cai." A metáfora ajuda a mostrar a influência do ambiente na formação do caráter. O pai do garoto morreu de tuberculose pouco depois de ele nascer. A mãe é dependente química e já esteve internada quatro vezes em clínicas de reabilitação. O menino abandonou a escola depois de ser repreendido por xingar uma professora. Ao ser pego, ele disse que tinha 6 anos: mentiu para não ser encaminhado a uma instituição de menores. Aparentando não temer uma punição, admite que fuma maconha e comete pequenos furtos. O caso, que ganhou as manchetes dos jornais, exemplifica como a criação numa família desestruturada, sem a transmissão de valores ou a imposição de limites, contribui para amplificar o lado negativo da personalidade de um indivíduo.

Voltando aos personagens de nossa história, por que falamos em traços patológicos ou transtornos de personalidade?

Como vimos, a personalidade é a combinação de fatores de temperamento e caráter. Essa associação produz dezenas de possibilidades, mais ou menos funcionais, entre as dimensões de um e de outro, expressas em um conjunto de traços de personalidade. Traduzindo, esse traço, na definição da Associação Americana de Psiquiatria, é "uma tendência de sentir, perceber, comportar-se e pensar de formas relativamente consistentes ao longo do tempo e nas situações em que o traço pode se manifestar". Todas as pessoas podem se localizar no espectro dos traços de personalidade, em diferentes graus entre os polos positivos e negativos do mesmo.

Exemplo: alguém com o traço de instabilidade emocional, como a Paula de nossa história, tenderia facilmente a sentir emoções fortes e/ou desproporcionais, inclusive nas situações em que a maioria das pessoas permaneceria estável emocionalmente. O oposto acontece com um indivíduo que apresenta nível baixo de instabilidade emocional: ele se manteria firme, mesmo nos episódios em que a tendência costuma ser o desequilíbrio emocional.

TODAS AS PESSOAS PODEM SE LOCALIZAR NO ESPECTRO DE TRAÇOS DE PERSONALIDADE

INSTABILIDADE EMOCIONAL	IIIIIIIIIIIIIIIIIIIIIIIIIIIIIIIIIIIIIIIIIIII	ESTABILIDADE EMOCIONAL

Quando um traço de personalidade é muito inflexível, mal-ajustado e prejudica a adaptação do sujeito às situações que enfrenta, causando sofrimento e incômodo a ele próprio ou, mais comumente, aos que lhe estão próximos, podemos chamá-lo de traço patológico de personalidade.

Um bom exemplo de traços disfuncionais ou patológicos de personalidade está presente na Fernanda de nossa história, uma moça bonita e inteligente, mas de natureza tímida, insegura e retraída. Ela também apresenta grau baixo na dimensão autodiretividade do caráter, ou seja, tem sérias dificuldades para estabelecer planos e metas de forma objetiva. Não consegue ter o mínimo de satisfação pessoal e sente-se permanentemente ansiosa, rejeitada e incapaz de conviver com os outros. Ainda não se estabeleceu numa atividade profissional e seus namoros sempre foram platônicos, embora sonhe tornar-se roteirista, se casar e constituir família.

Se Fernanda vivesse em seu mundo, sentindo-se confortável e satisfeita – mesmo com a pressão social que todos sofrem para aparecer bem na foto, como pessoas belas e bem-sucedidas –, e não precisasse se submeter a necessidades como o autossustento, não poderíamos falar em disfunção. Mas ela sofre com seu deslocamento, tem uma sensação contínua de ansiedade e rejeição. Os traços de personalidade patológicos predominantes em Fernanda são a ansiedade e o retraimento social.

Os qualitativos funcional e disfuncional talvez não soem muito bem, mas tornam-se ferramentas importantes para investigar os prejuízos causados por determinados traços de personalidade em áreas importantes da vida. Recorrendo ao referencial psicanalítico, que nos aproxima bem mais da clínica, "funcional" seria uma pessoa que consegue equacionar a necessidade de satisfação de sua natureza, de seus desejos, de seus instintos e de suas pulsões com as exigências do meio e da sociedade. Ou seja, ela vive nesse "toma lá, dá cá" sem apresentar uma série de sintomas que configuram os quadros clássicos de neurose, psicose e perversão.

Rodrigo, o namorado de Paula em nossa história, é um homem aparentemente forte e de natureza impulsiva, que busca novidades e satisfação, ainda mais em tudo o que envolve sexo e poder. Em geral, sua satisfação dura pouco, logo dando lugar ao tédio ou à irritação, até que surja um novo alvo. Insensível, não consegue se colocar no lugar dos outros. Para obter o que deseja, ignora regras sociais, com marcado desrespeito aos direitos e à integridade do próximo, manipulando, mentindo, fraudando e utilizando sempre o charme e um discurso sedutor e superficial.

Da mesma forma que Fernanda, Rodrigo poderia ser apenas um *bon vivant*, como tantas pessoas, não fosse o rastro de destruição que deixa pelo caminho. Fez *bullying* com garotos na escola – entre eles, o Ronaldo de nossa história –, cometeu falcatruas, envolveu-se em esquemas de corrupção e traiu impiedosamente as namoradas e os amigos, quando não lhe eram mais úteis. Seus traços de personalidade predominantes são insensibilidade, irresponsabilidade, manipulação e desonestidade.

Independentemente dessa ou daquela faceta, a personalidade, ou o nosso *jeito de ser*, é resultado de uma combinação única e original, que funciona num espectro de traços positivos e negativos, mais ou menos adaptados. Porém, quando esse *jeito de ser* apresenta, desde cedo, características inflexíveis, rígidas e disfuncionais muito acentuadas, é possível que se trate de uma *personalidade perturbada*. *Perturbada* para si e, mais frequentemente, *perturbadora* para os outros, como veremos nos próximos capítulos.

PERTURBADOS E PERTURBADORES

BASTA olhar ao redor para reconhecer que há pessoas – e não são poucas – de difícil convívio. Com muita sorte, não fazemos parte desse grupo. É bem provável que a maioria de nós não preencha os requisitos para um diagnóstico psiquiátrico, levando-se em conta características incômodas, disfuncionais ou desadaptativas, pois isso tudo faz parte do pacote existencial humano. Somos multifacetados e nos expressamos de forma construtiva e destrutiva, em maior ou menor grau, em diferentes períodos e etapas da vida. Podemos sentir, pensar e nos comportar de formas muito variadas e singulares, alternando o nosso melhor e o nosso pior. É um jogo de luz e sombra, em que, às vezes, estamos solares e, em outras, parecemos obscuros. E isso nem de longe é patologia: trata-se apenas do nosso *jeito de ser*. Todos podemos, em algum momento, ser um tanto malvados, agressivos, egoístas, arrogantes, hostis, manipuladores, descontrolados, excêntricos, ansiosos, grudentos, depressivos, dramáticos, controladores e explosivos.

O problema é que algumas pessoas são sempre assim. Exageradas demais, desconfiadas demais, tímidas demais, egocêntricas demais... Quem convive com elas tem uma sensação permanente de abuso, invasão e insuficiência. Numa linguagem mais popular, parece que nossa energia está sendo sugada. O indivíduo "morde e assopra" e deixa os outros "pisando em ovos", com uma incômoda impressão de impotência. Suas relações são marcadas pela exigência de um padrão que dificulta a ação de quem está ao redor. A vida gira em torno desse sequestrador de emoções alheias.

Estamos falando daqueles que exibem de forma duradoura, desde a adolescência ou do início da vida adulta, um ou mais traços de personalidade patológicos. De acordo com a Organização Mundial de Saúde (OMS), os transtornos de personalidade e de comportamento "se manifestam como respostas inflexíveis a uma ampla série de situações pessoais e sociais. Representam desvios extremos ou significativos de como o indivíduo médio, em uma dada cultura, percebe, pensa, sente e, particularmente, se relaciona com os outros".

Os termos dessa definição parecem tão duros e enrijecidos quanto as manifestações dos transtornos.

Voltar aos personagens da história que abre este livro ajudará, num primeiro momento, a explicar um ponto importante: o que são as "respostas inflexíveis a uma ampla série de situações pessoais e sociais".

O personagem Marcos é executivo de uma multinacional. Chega ao escritório às 9h e é o último a ir embora, às 22h. Não deixa de responder quase nenhum dos cem e-mails que recebe por dia. Confere a produção diária de cada um de seus funcionários e se sente sempre em dívida em relação aos resultados que deveriam ser atingidos. Na avaliação dos funcionários, é um chefe sério, crítico e impiedoso. Nunca está satisfeito com os trabalhos entregues e pede revisões até que tudo fique exatamente de acordo com o que delineou. Considerar sugestões de seus subordinados, nem pensar. Olha feio para quem sai no horário e para quem dá mais atenção aos compromissos pessoais do que ao trabalho. No ano anterior, chegou atrasado à formatura da filha Fernanda, o que a deixou muito triste e fortaleceu seu sentimento de rejeição. Às sextas-feiras, sempre sai com a esposa e dois casais amigos, da época de faculdade. Sábado à tarde, joga futebol e, aos domingos, almoça com a família no restaurante do clube do qual é sócio. Costuma ser reclamão e crítico. Acha que todos levam a vida na flauta e não têm noções corretas de seus deveres e obrigações. A filha Paula, impulsiva e sem papas na língua, diz ao pai que ele é um general e que precisa ser tratado. Marcos rebate afirmando que psicólogo e psiquiatra são para gente maluca como Paula e que seus problemas estariam resolvidos se não fosse responsável por tanta gente.

Marcos apresenta traços de perfeccionismo rígido, ou seja, insiste de forma intolerante e inflexível que tudo saia sem erros, impecável, incluindo o próprio desempenho e o dos outros. Renuncia a atividades e oportunidades na vida, pois está permanentemente preocupado com detalhes, organização e ordem. Marcos *perturba* as pessoas que o rodeiam com seu jeito "pesado", suas constantes exigências, suas pontuações impiedosas e sua falta de empatia. Por outro lado, sente-se continuamente *perturbado* pelo excesso de responsabilidade, pela sensação de ineficiência daqueles que o cercam e por não ter limite quanto aos esforços empregados para que seu desempenho seja perfeito.

Nas fotos que Sandra, sua mulher, posta no Facebook, ele parece um homem bem-sucedido, ao lado da esposa e de duas lindas filhas, mas as pessoas mal sabem o peso interno que é a sua vida. *Perturba,* sem ter a mínima consciência do mal-estar que provoca, e é *perturbado.* Sofre e causa sofrimento, mas não acha que seu infortúnio tem relação com o jeito de ser. Acredita que tudo se resolveria caso não tivesse que carregar o mundo nas costas e os outros mudassem suas atitudes.

Em outro ponto da definição dos transtornos, a OMS menciona "desvios extremos ou significativos". Há quase três séculos, esses desvios despertam o interesse dos cientistas. Uma das categorias diagnósticas precursoras para a atual classificação de transtornos de personalidade foi a do psiquiatra alemão Kurt Schneider. Em 1923, ele publicou o livro *As personalidades psicopáticas*, em que as descreveu – retomadas aqui no título *Psicopatias do cotidiano* – como variações estatísticas da média normal, com a peculiaridade de sofrer ou causar sofrimento à sociedade com sua anormalidade. Desde então, a classificação dos TPs passou por um avanço que culminou nas normatizações atuais da OMS – 10ª Classificação Internacional de Doenças (CID-10) – e da Associação Americana de Psiquiatria, em seu Manual Diagnóstico e Estatístico de Transtornos Mentais (DSM-5).

A CID-10 enumera oito transtornos específicos de personalidade. São eles: paranoide, esquizoide, antissocial, emocionalmente instável (subdividido em tipo impulsivo e borderline), histriônico, anancástico ou obsessivo-compulsivo, ansioso ou evitativo e dependente. »

JÁ O DSM-5 lista dez categorias específicas, reunidas em três grupos. O grupo A congrega paranoides, esquizoides e esquizotípicos; é o chamado grupo dos "excêntricos-esquisitos". No grupo B, estão os antissociais, borderlines, histriônicos e narcisísticos, considerados os "dramáticos-emocionais-volúveis". Por fim, o grupo C contempla os evitativos, dependentes e obsessivo-compulsivos, ou seja, os "ansiosos-temerosos". •

O fato é que, há décadas, as classificações psiquiátricas que definem os transtornos de personalidade vêm mudando. Existe muita controvérsia tanto sobre os métodos de avaliação quanto se a categoria transtornos de personalidade deveria ser um diagnóstico psiquiátrico. O desafio ético é imenso no que concerne à diferenciação entre uma característica de personalidade normal e uma característica patológica. No momento, as evidências da experiência clínica e das pesquisas favorecem a concepção chamada dimensional: todas as pessoas podem apresentar maior ou menor grau dos traços de personalidade, sendo que na população geral haveria uma distribuição em *continuum* ou gradações dessas características.

Com base nesse pressuposto, o DSM-5, lançado em 2014, introduziu um modelo alternativo, com o intuito de incluir a abordagem dimensional, permitindo dessa forma o estabelecimento do diagnóstico de transtornos de personalidade a partir do espectro da dimensão de 25 traços, que envolvem cinco domínios amplos de variação mal-adaptativas (afetividade negativa, distanciamento, antagonismo, desinibição e psicoticismo). Basta que o indivíduo apresente um único traço, em grau tão elevado que o torne prejudicial – em um ou mais setores da vida – para que o diagnóstico possa ser feito.

Por domínio, entendemos um conjunto de características que, quando acentuadas, tornam a pessoa pouco funcional ou inadaptada em uma ou mais áreas da vida. Cada domínio tem um polo oposto, e todos podem apresentar um traço em abundância ou a ausência dele. Voltando à história do início do livro, a enfermeira Sônia exibe um forte traço de submissão, enquanto Eduardo, ao contrário, apresenta a quase ausência dessa particularidade. Rodrigo esbanja um traço acentuado de irresponsabilidade, enquanto Marcos quase não tem essa característica. Osvaldo, o administrador do hospital, tem um traço forte de desconfiança, ao passo que Sandra, a esposa de Marcos, por ser muito sugestionável, apresenta um grau baixo dessa mesma faceta.

DOMÍNIO AFETIVIDADE NEGATIVA - é ligado a experiências intensas de ansiedade, depressão, culpa, vergonha, raiva, autoagressão e dependência. O polo oposto é a estabilidade emocional. Pessoas com os transtornos de personalidade obsessiva, evitativa, borderline e dependente tendem a ter traços desse domínio. Em relação aos personagens da história do início deste livro, estamos falando de Marcos, Fernanda, Paula e Sônia.
TRAÇOS - Instabilidade emocional, ansiedade, medo da separação, submissão, hostilidade, perseverança, tendência à depressão, desconfiança e afetividade restrita.

DOMÍNIO DISTANCIAMENTO - Como o nome indica, trata, basicamente, da dificuldade de manter relações interpessoais e de expressar afeto e sentir prazer. O polo oposto é a extroversão. Pessoas com os transtornos de personalidade esquizoide, esquizotípica, evitativa e paranoide tendem a ter traços desse domínio. Na história inicial, essas facetas aparecem em Ronaldo, Luz do Sol, Paula e Osvaldo.
TRAÇOS - Retraimento, evitação da intimidade, anedonia, tendência à depressão, afetividade restrita e desconfiança. »

DOMÍNIO ANTAGONISMO - Está relacionado a uma predisposição à animosidade, à arrogância e à falta de compaixão. O polo oposto é a afabilidade. Pessoas com os transtornos de personalidade narcisista, antissocial e histriônica tendem a ter traços desse domínio. São facetas de Eduardo, Rodrigo e Sandra.
TRAÇOS - Manipulação, desonestidade, grandiosidade, busca de atenção, insensibilidade e hostilidade.

DOMÍNIO DESINIBIÇÃO - É o domínio da impulsividade, da irresponsabilidade e do prazer imediatista. O polo oposto é a meticulosidade. Pessoas com transtornos de personalidade antissocial, borderline e histriônica tendem a ter traços desse domínio. Também seriam características de Eduardo, Rodrigo e Sandra.
TRAÇOS - Irresponsabilidade, impulsividade, distratibilidade, exposição a riscos e ausência de perfeccionismo rígido.

DOMÍNIO PSICOTICISMO - Este grupo abrange os comportamentos excêntricos e incomuns, ideias de referência (quando a pessoa estabelece conexões imaginárias entre » eventos, situações e percepções do mundo exterior com si próprio) e inadequação cognitiva. O polo oposto é a lucidez. Pessoas com os transtornos de personalidade esquizotípica, esquizoide e paranoide tendem a ter traços desse domínio. Estamos falando de Ronaldo, Luz do Sol e Osvaldo.

TRAÇOS - Crenças e experiências incomuns, excentricidade, desregulação cognitiva e perceptiva. •

É preciso deixar claro que os traços de personalidade patológicos são rígidos, mas não imutáveis e, ao longo da vida, podem sofrer alterações, ainda que de modo restrito. Pensemos de forma figurada: quando você pega um resfriado, fica uma semana espirrando, mas depois passa. Mas se você tem alguma alergia, fica espirrando com muita frequência. Com essas facetas, acontece mais ou menos o mesmo. Elas não surgem e desaparecem. Estão sempre ali, latentes ou mais visíveis, sendo inerentes à personalidade.

PERTURBADOS E PERTURBADORES: ISSO É LOUCURA?

O QUE diferencia doença mental, psicopatia e transtorno de personalidade? A partir da década de 1990, a Organização Mundial de Saúde (OMS) e a Associação Americana de Psiquiatria adotaram a expressão "transtorno mental", no lugar de "doença mental". Na definição da OMS, transtorno mental seria "a existência de um conjunto de sintomas clinicamente identificáveis ou comportamento associado na maioria dos casos a sofrimento e a interferência nas funções pessoais". Ainda com base na OMS, a depressão e os transtornos de ansiedade (distúrbio do pânico e de ansiedade generalizado) são os problemas psiquiátricos mais comuns. O transtorno bipolar e a esquizofrenia também são doenças psiquiátricas, que podem interferir gravemente no funcionamento do indivíduo.

Esses transtornos mentais afetam a pessoa que apresenta os sintomas específicos em determinadas fases da vida, sendo frequentemente controlados com remédios e/ou terapia. A depressão tem como principal característica um sentimento constante e profundo de tristeza, desproporcional à circunstância que causa aquela dor. O distúrbio de ansiedade generalizado se reflete em nervosismo e preocupação intensos. O distúrbio do pânico provoca uma ansiedade tão forte que o indivíduo sente dores no peito, falta de ar, sudorese e palpitações. No caso do transtorno bipolar, o paciente alterna momentos de depressão com outros de extrema excitação e euforia. Já a esquizofrenia é um transtorno psicótico e se evidencia no afastamento da realidade, podendo se manifestar na forma de delírios e alucinações.

No filme *Uma mente brilhante*, acompanhamos a trajetória do matemático John Nash, diagnosticado como esquizofrênico. A doença começou a se manifestar quando ele dava aulas no Massachusetts Institute of Technology (MIT). O cientista dizia que extraterrestres mandavam mensagens cifradas pelos jornais, que só ele era capaz de entender. Autoproclamou-se "imperador da Antártica" e escrevia cartas a autoridades com teorias conspiratórias. Numa cena do filme, Nash vê números girando ao redor de sua cabeça. Acaba internado e, durante dez anos, entra e sai de hospitais psiquiátricos, onde é tratado com eletrochoques e remédios antipsicóticos. Aos poucos, com o amparo da família e dos amigos, consegue estabilizar os sintomas. Depois disso, teve seu trabalho reconhecido ao ser premiado com o Nobel de Economia.

Já o filme *O lado bom da vida* – baseado no livro homônimo – mostra a dificuldade que um professor com transtorno bipolar tem ao voltar ao convívio social. Pat Solatano passou oito meses internado após espancar violentamente o amante da mulher. Por ordem judicial, ele precisa se consultar com um terapeuta, que não consegue convencê-lo da importância do tratamento com remédios. Essa é uma característica comum aos pacientes, que acreditam estar curados e rejeitam a medicação. Um estresse emocional leva o personagem a entrar novamente em crise de agitação e euforia, repetindo o comportamento que, num momento extremado, o levara à cadeia.

Os transtornos de personalidade, por sua vez, são perturbações mentais, caracterizadas por uma alteração no desenvolvimento da personalidade, decorrente de falhas na estruturação do caráter, como vimos no capítulo anterior. O indivíduo apresenta um padrão comportamental rígido e repetitivo, desde o fim da adolescência ou início da vida adulta, que acarreta dificuldade nos relacionamentos pessoais, em uma ou mais áreas de sua vida. Não há perda do juízo da realidade, como nas psicoses, nem alternância de fases com ou sem sintomas, como nos casos de ansiedade e depressão. A resposta à medicação é precária, uma vez que a anormalidade não se expressa em sintomas, e sim numa organização patológica da personalidade.

Um bom exemplo é Darth Vader, o vilão intergaláctico de *Guerra nas estrelas*. Um grupo de psicólogos e psiquiatras da Universidade de Toulouse, na França, detectou no personagem seis dos nove traços do estilo borderline. Para quem não conhece a saga, Anakin Skywalker é um jovem que se prepara para tornar-se um cavaleiro Jedi, ou seja, um guerreiro do bem. Desde cedo, ele demonstra raiva e impulsividade, por vezes, incontroláveis, além de oscilar entre a idolatria e o ódio a seus mentores. Quando adulto, assume a identidade de Darth Vader e se torna a face do mal.

Independentemente do lado que escolhe, ele está sempre sofrendo, com um sentimento crônico de vazio. Não consegue estabelecer uma relação com a mulher que ama, não tem amigos – seu jeito instável afasta todo mundo – e, solitário, acaba pondo fim à própria vida. Ideias suicidas, muitas vezes levadas a termo, também fazem parte do conjunto de características das pessoas com o TP borderline. Em nenhum momento, Vader perde o contato com a realidade. Ele tem consciência de seus atos e, com frequência, se martiriza por não conseguir controlar os acessos de raiva. Revela um medo inexplicável de ser abandonado e, por causa desse sentimento, torna-se capaz de maldades incalculáveis. Numa frase, seu mentor, Mestre Yoda, resume bem o que se passa na mente de um indivíduo com essa natureza: "O medo é o caminho para o lado negro. O medo leva à raiva. A raiva leva ao ódio. O ódio leva ao sofrimento."

O sofrimento também está presente na trajetória de Zelig, personagem criado por Woody Allen no filme homônimo. Com traços típicos dos TPs evitativo e dependente, Zelig vive à sombra de qualquer pessoa a quem queira agradar – e por quem gostaria de se sentir amado. Quando se encanta por alguém, ele assume o jeito de ser daquele indivíduo – ou daquele grupo –, tal é sua necessidade de se sentir incluído. Na cena inicial do filme, o personagem está numa festa. Enquanto circula em meio aos convidados, age e fala de maneira esnobe. Ao entrar na cozinha, assume a postura e o vocabulário de alguém menos refinado. Uma psiquiatra tenta ajudá-lo, mas a habilidade camaleônica torna Zelig uma celebridade. E, como toda pessoa que tem o traço evitativo, ele não suporta os holofotes e desaparece. O fato é que, para disfarçar seu medo de rejeição e seu sentimento de inadequação, Zelig fica invisível: "veste" a personalidade do outro para permanecer escondido.

Esse jeito inflexível de ser, perturbado e perturbador, nos leva à definição de transtorno de personalidade. E quanto à chamada psicopatia, numa tradução livre do grego, "alma sofredora"? Tanto o DSM-5 quanto a CID-10 não a consideram uma condição médica. Apesar de muito debate, a hipótese mais aceita hoje é de que se trata de um transtorno grave de personalidade antissocial.

Por muitos anos, o conceito de psicopatia caiu em desuso. À luz da psicanálise, no início do século XX, essas perturbações mentais eram consideradas no espectro das neuroses. Em 1941, o psiquiatra americano Hervey Cleckley, em seu livro *A máscara da sanidade*, listou dezesseis características para a psicopatia, e o conceito passou a ser vinculado ao denominado transtorno antissocial da personalidade, segundo as classificações atuais. Décadas depois, o psicólogo canadense Robert Hare, baseado na classificação de Cleckley, criou a Escala PCL-R, que usa o conceito de psicopatia para classificar as pessoas com características de um estilo antissocial grave, marcado por uma pontuação alta em traços ligados a mentira, manipulação, estilo de vida parasítico, ausência de remorso e culpa, falta de empatia, frieza, insensibilidade, prazer em transgredir e histórico de problemas com a lei.

Esse estilo antissocial ou psicopata fascina o ser humano. O sucesso de filmes, seriados, músicas e livros protagonizados por indivíduos que têm esse traço é um fenômeno claro dos nossos tempos. Vilões manipuladores, mentirosos, sedutores e inescrupulosos têm uma legião de fãs. Histórias de serial killers prendem a atenção de espectadores e leitores no mundo todo e, não raras vezes, acompanhamos notícias dessa espécie como contos de suspense ou terror.

Estamos falando da tipologia da maldade humana. Indivíduos assim cometem atos tão cruéis que custamos a acreditar que tenham sido executados em sã consciência. Não, o psicopata não é louco. Ele sabe o que está fazendo, mas, na falta de um freio moral, vai em frente, sem culpa ou remorso. O filme *O silêncio dos inocentes* revelou ao mundo como funciona a mente de um psicopata. Na caça a um serial killer, uma agente do FBI recorre ao ex-psiquiatra Hannibal Lecter, preso por matar e comer nove pessoas. Manipulador e convincente, ele ajuda a encontrar esse assassino, não sem antes envolver a policial num perigoso jogo de sedução. Com muita lábia, acaba escapando da prisão e deixando pistas de que voltará a agir.

Lecter é tão envolvente que, durante o filme, os espectadores torcem por ele, mesmo sabendo que é um criminoso cruel. O mesmo acontece com outro psicopata famoso da ficção, o serial killer Dexter, do seriado de mesmo nome. Ele trabalha no Departamento de Polícia de Miami e dedica suas horas vagas a matar assassinos que escapam da lei. Um justiceiro sanguinário, cujos crimes – metodicamente planejados – são tão violentos quanto os de suas vítimas. No trato social, Dexter é agradável e encantador com quem o rodeia. De dia, leva uma vida convencional, sendo muito elogiado no trabalho. À noite, caça psicopatas. Em oito temporadas, a série teve uma média de seis milhões de espectadores por episódio, deixando claro o fascínio que esse tipo de história exerce.

Enquanto os indivíduos de estilo antissocial têm seus traços esquadrinhados a todo instante – o que, é preciso ficar claro, não os impede de fazer novas vítimas –, outras perturbações mentais não são tão conhecidas, mas também impõem sofrimento. Um olhar treinado encontrará na cultura pop, embora de maneira menos ostensiva, facetas de outros traços de personalidade transtornada. São sujeitos cujas características beiram a caricatura. "Fulano é uma figura" é quase um clichê para definir tipos como a excêntrica Luz do Sol, o vaidoso médico Eduardo ou o esquisitão Ronaldo da história que contamos no começo do livro. De uma forma ou de outra, o jeito estereotipado de ser deixa claro aos outros que se trata de pessoas bem diferentes. Tão distintas que "não funcionam" ou não se adaptam à convivência em sociedade.

É preciso reforçar que fazer o diagnóstico de um transtorno de personalidade é tarefa muito complexa. Três fatores devem ser levados em consideração:

1. A presença de um ou mais traços de personalidade patológicos;
2. Seu surgimento no fim da adolescência (ou, em alguns casos, ainda na infância);
3. Seu caráter duradouro ou não.

Além disso, é necessário considerar a biografia de cada um, contextualizada com sua realidade sociocultural. E esse diagnóstico estará sujeito à subjetividade do especialista, a seus conceitos e valores. Por isso, a exposição descritiva dos transtornos específicos de personalidade que será feita nos próximos capítulos não tem pretensão classificatória ou normatizadora. A proposta é que o leitor possa mapear características da personalidade e do comportamento de alguns indivíduos que, de alguma forma, perturbam – ou até impedem – a interação no meio em que vivem ou no seu convívio com quem está ao redor.

Acima de tudo, são oferecidas ferramentas para compreender determinadas situações repetitivas e bastante incômodas no âmbito das relações pessoais do cotidiano. Os transtornos de personalidade mencionados são os estabelecidos pela classificação da Associação Americana de Psiquiatria e servem de base para descrever os traços que compõem um determinado "estilo" de personalidade, seguindo o termo utilizado pelo psicólogo espanhol Vicente Caballo, um dos maiores especialistas no assunto. Compreendê-los não é fácil. Mas, a partir do adequado reconhecimento de seus padrões comportamentais, é possível aceitá-los e, com isso, estabelecer uma convivência menos difícil e conflituosa.

GRUPO A

Estou cansada, cada vez mais incompreendida e insatisfeita comigo, com a vida e com os outros. Diz-me, por que não nasci igual aos outros, sem dúvidas, sem desejos de impossível? E é isto que me traz sempre desvairada, incompatível com a vida que toda a gente vive...

Florbela Espanca

ESQUIZOIDE: "NÃO LEVARIA NINGUÉM PARA UMA ILHA DESERTA."

“Se tivesse nascido rico, o laboratorista Ronaldo não precisaria abrir mão de seus jogos e vídeos para se sustentar. Menos mal ter arrumado um emprego noturno. Entra e sai sem esbarrar com os vizinhos. Assim, não precisa falar com ninguém. Seu jeito calado, o isolamento, as dificuldades no colégio... É, a adolescência não foi legal. Sofria *bullying* de garotos mais descolados, como Rodrigo, que não perdia uma chance de chamá-lo de “ET” ou “retardado”. Na fase adulta, adotou um jeito circunspecto e uma maneira de se vestir que poderiam, facilmente, confundi-lo com um terrorista. No hospital, sabe que, pelas costas, recebeu o apelido de homem-bomba. Faz parte do comportamento dessa raça indigente, que se preocupa mais com a vida alheia do que com a própria. Mas a verdade é que ele não liga para críticas ou elogios. No hospital, cumpre suas tarefas burocraticamente e não costuma cumprimentar ninguém; no máximo, forja um aceno. Seus superiores não entendem como ele pode demonstrar tanta falta de interesse e sequer ficar chateado por não ser promovido. Nos sites que navega durante horas, compartilha com seus semelhantes (poucos, por sinal) o conceito da decadência da raça humana. Uma bomba de nêutrons não seria má ideia. Também participa de grupos de aficionados pela história das grandes guerras. Tiros, bombas... Extravasa a raiva no videogame, de preferência naqueles jogos em que assume o papel de guerreiro solitário e exterminador. Em 29 anos de vida, saiu com duas ou três garotas, que foram seduzidas por seu ar misterioso. Mas falavam muito, perguntavam demais e ele terminou com elas. Relacionamentos dão trabalho. Sexo não faz falta, prefere se virar sozinho. Os pais moram no interior e ele liga quando dá. Ou seja, quase nunca. Uma vez ou outra, fala com um primo de primeiro grau. Mas, normalmente, há uma parede de gelo entre ele e qualquer outra pessoa."

ESTRANHO, esquisito, solitário, misantropo. Quem conhece a série *House* provavelmente já ouviu algum personagem usar um desses adjetivos para caracterizar o protagonista, o médico interpretado pelo ator inglês Hugh Laurie. A estranheza provocada por House, um homem isolado, quase sem vida social ou sexual, que deixa clara sua aversão aos seres humanos, retrata algumas facetas do transtorno de personalidade esquizoide. Trata-se de um indivíduo refratário ao contato e cuja presença, em geral, causa um mal-estar inexplicável a quem convive com ele. Um estranho no ninho, que sequer cria laços com seus entes mais próximos. "Qualquer um pode odiar a humanidade depois de levar um tiro. É necessário um grande homem para odiar antes disso", diz ele, num dos episódios. "Eu sou incapaz de agir como ser humano", confessa, em outro capítulo da série, que, ao longo de oito temporadas, teve mais de 115 milhões de espectadores.

Em termos clínicos, pessoas com o estilo esquizoide apresentam uma faixa restrita de expressão emocional. Elas parecem frias, **distantes** e indiferentes em suas relações com o mundo – seja em casa, no ambiente de trabalho ou na sociedade. Preferem atividades solitárias à convivência em grupo, se expressam de forma restrita em contextos interpessoais e não demostram reação emocional quanto elogiados ou criticados, exatamente como o personagem Ronaldo, da história que abre este livro.

Refratário ao contato com o outro, o esquizoide mantém uma expressão facial neutra, independentemente do contexto. "Meus sentimentos são como fagulhas minúsculas que se apagam assim que se acendem", descreve uma garota com esse diagnóstico. A expressão facial desse indivíduo é neutra. Mesmo ao narrar uma tragédia, ele costuma manter o tom de voz inalterado e impessoal. Como bem definiu a banda de hardcore Matanza, em "Odiosa natureza humana":

Se todo mundo fosse embora
E só eu ficasse aqui

Eu teria nessa hora
Um bom motivo pra sorrir
Chame de misantropia ou como quiser
Mas você não me engana
Não perde quem desconfia.

Indisponíveis para o outro, os indivíduos com esse traço tendem a ser fechados. Muitos acabam desenvolvendo um afeto exagerado por animais de estimação. Outros transformam o quarto num refúgio. São as características dos eremitas do século XXI, capazes de passar horas enfurnados em um cômodo com computador, videogame e fones de ouvido. A caverna tecnológica preenche quase todas as suas necessidades. No Japão, esse comportamento ganhou um termo próprio: *hikikomori*. Traduzindo ao pé da letra, seria algo como "puxando para dentro". Jovens ou adultos abrem mão da vida em sociedade para se refugiar numa espécie de confinamento. "Por que preciso do mundo exterior se posso ficar em paz no meu quarto, sem fazer mal a ninguém?", indaga uma paciente. Naturalmente, precisamos levar em consideração que algumas culturas valorizam um comportamento mais recluso e introspectivo. No oriente, isso é bem comum. Mas quando a ideia de viver numa caverna – ainda que munida de equipamentos modernos – se espalha pelas redes sociais e atrai jovens criados sob outros padrões, já podemos pensar na faceta esquizoide.

Alguns especialistas atribuem traços desse estilo ao escritor Franz Kafka. Numa carta ao pai de sua noiva, Felice Bauer, com quem começou a se relacionar aos 29 anos, ele se definiu da seguinte maneira:

> Sou um sujeito retraído, calado, insociável e descontente. De minha vida doméstica, posso tirar algumas conclusões. Vivo em família, com pessoas boas e carinhosas, mas me sinto mais **esquisito** do que um estranho. Com minha mãe, não troquei mais do que vinte palavras por dia, em média, nos últimos anos; com meu pai, quase nunca fui além do bom-dia. Com minhas irmãs casadas e meus cunhados, não falo e já percebo o enfado.

A metamorfose, obra-prima de Kafka, é um bom retrato do tipo. O personagem principal, Gregor Samsa, transforma-se num inseto. A nova aparência não o assusta, mas a família prefere trancafiá-lo. O enredo deixa pistas das impressões que esses indivíduos causam aos outros: medo, estranheza, repulsa e até alívio quando a convivência acaba.

Talvez a imaginação do escritor estivesse diretamente relacionada ao transtorno de personalidade: há estudos que associam o estilo à criatividade. Em

2005, uma experiência conduzida pelos neuropsiquiatras Brad Folley e Sohee Park demonstrou que indivíduos com esses traços conseguiam encontrar mais rapidamente e com mais eficácia novas formas de usar determinado objeto do que pessoas sem essas características. Por serem bastante observadores, eles acabariam encontrando de forma mais ágil soluções diferentes, o que os tornaria mais criativos.

Na vida profissional, os indivíduos com esse traço geralmente optam por atividades que possam desempenhar sozinhos, de preferência sem sair de casa. São concentrados, não se deixam distrair pelo ambiente externo e encaram com facilidade tarefas mecânicas ou repetitivas. No trabalho, é possível reconhecê-los naquele colega que passa horas em frente ao computador sem trocar uma palavra com ninguém. Carreiras nas áreas de matemática ou de informática, que exigem a repetição exaustiva de padrões, tornam-se um atrativo natural para quem tem esse tipo.

No filme *O jogo da imitação*, o matemático Alan Turing exibe esses traços. Ele ignora e despreza os companheiros – chega a dizer que mais atrapalham do que ajudam –, passa horas sozinho diante de seus cálculos e leva meses repetindo ações até conseguir criar o que seria o pai do computador moderno. Numa cena emblemática, ao ser estimulado a formar laços com a equipe, ele distribui maçãs e conta uma piada sem graça, sem alterar um músculo do rosto. Mais **impessoal**, impossível.

Imagine o efeito desse **isolamento** em indivíduos que, de maneira geral, já não apreciam o próximo. Uma mínima fagulha pode detonar a frieza aniquilante de um homem-bomba. Como na história de Jihadi John, o jovem que sonhava em ser jogador de futebol e tornou-se um assassino do Estado Islâmico (EI). Nascido no Kuwait, ele morou praticamente a vida toda em Londres. Na escola, segundo professores, não tinha muitos amigos e, como sempre se envolvia em brigas, fez tratamento para controlar a raiva. Ao entrar na faculdade, começou a mudar. Deixou a barba crescer e passou a evitar a convivência com mulheres. Em 2013, fugiu de vez para a Síria, onde ficou conhecido por decapitar os reféns do EI.

Muitas vezes, uma faceta paranoide contribui para agravar a patologia. É o caso de Eric Harris, que aos 18 anos foi um dos autores do massacre de Columbine, em 1999. A tragédia deixou quinze mortos (inclusive os dois jovens assassinos) e 25 feridos. Ao se autodefinir, ele usou a seguinte frase: "Mato aqueles de quem não gosto, jogo fora o que não quero e destruo o que odeio."

Hábitos solitários, interesses pouco convencionais, um jeito de ser esquisito... Os fãs de *O senhor dos anéis*, de J. R. R. Tolkien, reconhecerão algumas características desse estilo no personagem Gollum. Seu nome de batismo é Smeagol e, desde pequeno, ele apresenta dificuldades de integração social, não tem amigos e fala de si na terceira pessoa. Um dia, encontra um anel e ao disputá-lo com o primo, acaba matando-o. Como fica invisível ao usar a joia, Smeagol passa a espionar e roubar. Os seres ao seu redor desconfiam de seus atos e começam a tratá-lo de forma ainda pior. O personagem desenvolve um tique nervoso e emite um som que se assemelha a "go-lum", dando origem ao apelido. Expulso pela família, ele se instala sozinho num lago e desenvolve ódio pela luz do sol e da lua.

Nos livros e filmes da série, Gollum demonstra, ainda, outra característica importante desse traço: a ausência de vitalidade. São comuns os relatos de indivíduos que não assistem a televisão, não leem um livro – por considerar as histórias entediantes – e só têm alguma disposição para vídeos ou jogos, que repetem à exaustão. Dançar, passear, correr na praia, sentar-se num bar para jogar conversa fora? Nem pensar. Aos olhos dos outros, parecem letárgicos ou pouco dispostos para as tarefas cotidianas.

Portanto, para trabalhos em grupo ou atividades que demandam grande energia física e mental, não conte com eles. Nos últimos anos, esse tipo de faceta ganhou espaço na cultura pop, numa versão mais bem-humorada do que o quadro sintomático da vida real. Nerds (a versão moderninha dos CDFs) e *geeks* (fãs de tecnologia, de quadrinhos, de jogos eletrônicos, RPGs e coisas do gênero) estão presentes em filmes, novelas e quadrinhos. "Santo Playstation, salvando vidas desde 1994", comenta um rapaz numa rede social, declarando sua paixão por uma plataforma de videogame. "Eu e meu computador. Amor total", acrescenta outro.

Amor a um objeto? Pois é, a vida a dois é um jogo que o indivíduo com essa natureza faz questão de ignorar. Ele não demonstra grandes desejos ou necessidades sexuais. Como carece de **iniciativa**, não é o tipo que vai correr atrás de alguém. Aí é que mora o perigo. Seu ar enigmático, sua blindagem às abordagens externas, a maneira indiferente com que trata o outro – olhos apaixonados encontram nisso um sedutor jeito *blasé* de ser – funcionam como chamariz. Há gente que cai de amores por quem apresenta esse estilo de personalidade. Nos primeiros momentos, sentem-se diante de uma esfinge e ficam loucos para decifrá-la. Acredite, não há mistério algum. São pessoas que apenas desconhecem o bê-á-bá emocional básico. Não terão o menor pudor em se afastar se perceberem uma crescente intimidade. Sexo? Bem, serve para liberar tensões.

Portanto, não se deve esperar ouvir a célebre frase "na alegria e na tristeza". Primeiro, porque são tipos que nem sabem soletrar essas palavras. Segundo, porque não desejam relações íntimas. Como já nasceram em uma família, não podem evitar o contato com algumas pessoas, mas casar e ter filhos não estão em seus planos. Com frequência mostram-se pouco cordiais e incapazes de reconhecer as emoções alheias. "Em geral, quero distância, não importa se é família ou 'amigo'", explica uma paciente.

Quem assiste ao seriado *The Big Bang Theory* entenderá um pouco melhor o universo amoroso de um indivíduo com traços desse tipo. Eles preferem uma maratona de filmes da série *Guerra nas estrelas* a uma festa cheia de gente jovem e bonita. Até tentam namorar, mas parecem **deslocados** mesmo quando lidam com outros esquizoides. Portanto, se você for convidado por uma pessoa com esse estilo para uma balada com música animada, pista de dança e azaração... "Bazinga", diria Sheldon Cooper, o protagonista do seriado. Para quem não sabe, a palavra, estampada até em camisetas, significa "te enganei".

Enganou mesmo. Numa das cenas mais engraçadas de *Meu malvado favorito*, Gru, o personagem principal, se vê diante de uma candidata a namorada. Ele é um vilão genial que mora isolado numa mansão e, certo dia, adota três meninas. Incapaz de lidar com o outro – seu único convívio é com os minions, uma espécie de robozinhos –, ele simplesmente se desespera com a presença delas. Diante da moça, também não sabe o que fazer. Então, rejeita a pretendente. Atitudes assim são comuns na vida de alguém com estilo esquizoide. Ele simplesmente não enxerga e não deseja o contato com o outro.

"O esquizoide é o parente ausente. Ele é o irmão faltando nos almoços de família. É o(a) sobrinho(a) que não vai a enterros. Obviamente o resto da família poderá nos tratar da mesma forma. Mas isso não nos é difícil de tolerar. Podemos até ficar chateados por sermos ignorados, mas não nos tornamos emotivos por causa disso", define a mãe de um jovem diagnosticado com esse traço. O indivíduo com esse estilo de personalidade parece ter feito um botox emocional, tamanha a falta de expressão de seus sentimentos. Sua expressão facial pode parecer paralisada, independentemente do que acontece no mundo ao redor.

DIAGNÓSTICO

A prevalência do transtorno de personalidade esquizoide é maior no sexo masculino. Os traços aparecem a partir da infância. A criança brinca sozinha no recreio, tem poucos amigos e um rendimento escolar abaixo da média. As características tornam o indivíduo um alvo fácil para provocações.

Na avaliação do traço esquizoide, é importante levar em consideração que fatores sociais e culturais influenciam em comportamentos que podem ser confundidos com as características do transtorno. Imagine uma pessoa criada numa cidade pequena do interior e que se muda para uma metrópole. A adaptação ao novo ambiente, algumas vezes, cria um isolamento emocional, que se manifesta em atividades solitárias, na dificuldade de compartilhar sentimentos e na falta de comunicação de modo geral. Aos olhos dos outros, o sujeito parece hostil, frio e indiferente. Nesse caso, porém, estamos falando de uma manifestação temporária, que tende a passar à medida que o indivíduo se adapta ao novo ambiente.

O transtorno de personalidade esquizoide é diferente de outras patologias – transtorno delirante, transtorno bipolar, transtorno depressivo ou esquizofrenia –, que se caracterizam por um período de sintomas psicóticos persistentes, com delírios e alucinações. Também precisamos considerar que não é incomum indivíduos solitários apresentarem facetas de comportamento esquizoide. Mas o diagnóstico do transtorno de personalidade depende de esses traços causarem prejuízo ou sofrimento significativo ao paciente ou às pessoas que o rodeiam.

Para a Associação Americana de Psiquiatria, o diagnóstico do transtorno de personalidade esquizoide deve ser feito a partir das seguintes características:

- O indivíduo não deseja nem desfruta de relações íntimas;
- Prefere atividades solitárias;
- Tem pouco interesse por experiências sexuais;
- Não sente prazer com quase nada;
- Não tem amigos próximos;
- Mostra-se indiferente a elogios ou a críticas;
- Demonstra frieza emocional. •

DIFICULDADES NA CONVIVÊNCIA

A estranheza, o mal-estar e o constrangimento que um esquizoide pode causar no convívio social são frutos de uma série de características desse estilo. Essa pessoa tem uma afetividade embotada e uma clara falta de interesse e prazer por quaisquer atividades – do trabalho ao sexo, nada parece realmente chamar sua atenção.

Essa indiferença cria um distanciamento que, aos olhos dos outros, soa como desprezo e frieza emocional. A consequência é a tendência ao isolamento, que pode significar sofrimento tanto para ela quanto para os que estão ao seu redor.

FERRAMENTAS PARA A CONVIVÊNCIA

Conviver com uma pessoa com estilo esquizoide significa, antes de tudo, suportar o distanciamento e a frieza emocional. Ela não percebe o problema, portanto, despreza a ideia de procurar tratamento. O caminho a seguir é outro. Valorize suas competências e não demonstre pena e nem rejeite sua solidão. Por mais anticonvencional que seja, acredite: ela gosta de ficar sozinha. Estranho, do ponto de vista de alguém com esses traços de personalidade, é estar rodeado de gente.

Ou seja, nada de convidá-la para um cruzeiro ou um resort nas férias, porque, sem dúvida, ela prefere o próprio quarto, uma cabana na montanha ou uma praia deserta. E não espere demonstrações efusivas de afeto. Se ela conseguir, de alguma forma, compartilhar seu cotidiano com você, considere uma enorme recompensa.

ESQUIZOTÍPICO: “NO LIMITE.”

"Numa regressão a vidas passadas, a missionária Luz do Sol descobriu que foi uma cigana na Idade Média. Finalmente encontrou a explicação para sua facilidade em ler mãos, enxergar a cor da aura e ter premonições. Há alguns anos, trocou o Ana Cristina de batismo pelo pseudônimo. Acredita que Luz do Sol combina mais com sua missão de vida. Desde a infância, seu jeito pouco convencional chamava a atenção: gostava de ir para a escola vestida de princesa, usava trança só de um lado e, com frequência, calçava um sapato de cada cor. Na adolescência, fez parte de um pequeno grupo que, nos fins de semana, se despencava até lugares remotos em busca de contato com extraterrestres. A missionária conta que dois colegas foram abduzidos, mas ela não teve a mesma sorte. Tentou uma viagem espiritual mais profunda numa seita mística. Passou três anos de pé no chão, plantando, colhendo e tomando o chá do pensamento mágico. A comunidade faliu e ela sentiu que era hora de uma nova missão: a cura pelas mãos. Diariamente, percorre o hospital oferecendo ajuda aos pacientes. Cada dia escolhe um traje de cor diferente, para facilitar a limpeza dos chacras. O administrador do hospital não gosta daquela figura esquisita circulando pelos corredores, mas a ordem de permitir a entrada de Luz do Sol veio da diretoria. Os pais da missionária eram muito amigos do dono do hospital e deixaram uma bela herança para ela, que nunca precisou trabalhar. Aos 45 anos, seu sexto sentido lhe diz que muitas pessoas torcem o nariz para sua presença e não têm boas intenções. A enfermeira Sônia é exceção. Seus vizinhos, por exemplo, não entendem que gatos são seres de luz e que não podem ficar abandonados na rua – toda vez que encontra um bichinho, ela o leva para casa. Chegou a ter vinte gatos, mas recebeu uma intimação do condomínio e ficou com cinco. Os animais são a única companhia de Luz do Sol. Seus três irmãos pouco aparecem e já sugeriram que ela procurasse ajuda. Ela reagiu muito mal à ideia. Depois disso, se isolou de vez. Diz que não há mal algum em viver no seu mundinho e que os outros não têm conexão espiritual para entendê-la."

EXCÊNTRICO.

Na cena mais eletrizante de *O sexto sentido*, o protagonista do filme vira-se para a mãe e, sem alterar um músculo do rosto, diz: "I see dead people." (Eu vejo pessoas mortas.) A frase expressa uma faceta do universo por onde trafega a mente de um indivíduo com transtorno de personalidade esquizotípico. Como o personagem, pessoas com o traço desse estilo acreditam ter poderes especiais, que lhes permitem ver gente morta, prever eventos ou ler pensamentos. Processos de raciocínio e experiências incomuns da realidade os colocam em uma fronteira tênue da normalidade, na linha que separa esse sexto sentido dos demais.

Indivíduos com o estilo esquizotípico podem se vestir de maneira excêntrica e usar um vocabulário próprio. Extremamente sensíveis, tendem a se atribuir poderes especiais, como ver gente morta, comunicar-se por telepatia ou mover objetos com a força do pensamento. Também acreditam que o universo influencia diretamente sua vida: não é incomum que associem fatos do cotidiano ao seu estado emocional. Sua forma exótica de ver o mundo acaba levando-os ao isolamento nas relações interpessoais. Como a Luz do Sol, da nossa história, têm poucos amigos e muita dificuldade para interagir com o mundo exterior.

Esquizotípicos possuem uma profunda inabilidade social. Na ficção, encontramos exemplos como Willy Wonka, de *A fantástica fábrica de chocolate*, e Edward Mãos de Tesoura, do filme homônimo. Ambos vivem refugiados nos próprios mundos – a fábrica de doces e o castelo –, vestem-se de maneira nada usual e não convivem ou convivem pouco com outros seres humanos. Quando aparecem pela primeira vez em público, provocam indisfarçável **estranheza**. "O que aconteceu com você?", pergunta a primeira pessoa que fala com Edward. "Estou inacabado", responde o rapaz. O jovem das mãos de tesoura se mantém sozinho desde a morte de seu criador – que queria construir um ser humano, mas não teve tempo de terminar a tarefa – e aprendeu a podar jardins com perfeição. Wonka administra seu império empresarial. Só que ambos não conseguem entender o que há de errado em ser desse jeito e reagem de maneira pouco convencional ao perceberem o impacto que causam. Wonka elimina quem o contesta ou não obedece a suas regras. Edward, ao notar que jamais seria aceito socialmente, corta as árvores da cidade em formatos lúgubres. "Nunca, nunca duvide daquilo de que não se tem certeza", afirma o dono da fábrica de chocolate, culpando os outros por suas ações e reações.

Traços esquizotípicos podem aparecer a partir do início da adolescência. São jovens solitários que, não raras vezes, vestem-se de maneira estranha ou têm um discurso incomum, inventando palavras e gestos. "Um garoto no colégio exige que a gente o chame de senhor Donuts. Diz que no mundo dele é assim. Tem um amigo que garante que ele é legal. Mas parece tão estranho", relata um adolescente numa sessão de psicoterapia.

Na saga *Harry Potter*, a personagem Luna Lovegood é descrita, em sua primeira aparição, como alguém que emana uma aura de "nítida birutice", com seu figurino exótico, um colar de rolhas de cerveja e brincos de rabanetes. Ao longo dos livros, descobre-se que Luna fala com plantas e animais, acredita ter o dom da telepatia e, aos olhos dos colegas, parece "dormir acordada". A menina sabe que é alvo de ironia e de rejeição por parte da maioria de seus companheiros. "O espírito sem limites é o maior tesouro do homem", diz ela a Harry Potter, um de seus poucos amigos, capaz de compreendê-la e de fazê-la usar suas habilidades em benefício do grupo.

Em geral, o esquizotípico até gostaria de ter amigos, mas sua inabilidade social torna essa tarefa tão exaustiva que, muitas vezes, ele se irrita com os outros. "Detesto que me toquem sem a minha autorização. Por que alguém quer me abraçar?", indaga, numa rede social, um indivíduo que se identifica com o estilo esquizotípico.

A pergunta leva a outra característica desse traço: a ideação paranoide. Um simples abraço pode causar desconfiança e detonar uma reação agressiva. "Às vezes, tenho a impressão de que vim de outra galáxia. Não consigo ficar mais de meia hora com outros seres humanos. Na verdade, não me sinto seguro com eles", descreve outro indivíduo com esse estilo.

Grupos de apoio tentam ensinar os que se consideram do estilo esquizotípico a melhorar seu convívio social. Alguns relatam que conseguiram estabelecer laços sólidos e duradores – com uma única pessoa. Outros descrevem sua **ansiedade** na presença de estranhos. "Eu quero falar, mas não consigo. Começo a ficar nervoso e chega a doer. Nessas horas, desisto", comenta um rapaz que foi diagnosticado com esse transtorno.

O sentimento de **inadequação** se torna ainda mais dramático devido a outra faceta: a necessidade de ficar sozinho. Para sobreviver melhor, o indivíduo com esse traço costuma se isolar em seu mundo imaginário, reforçando sua imagem de excêntrico. Ainda mais numa sociedade como a nossa de compartilhamentos, postagens e milhões de trocas por minuto. "Nossos cérebros conectam coisas que a maioria dos cérebros jamais irá conectar. Vemos o que a maioria das pessoas sequer pode imaginar. Nós captamos os horrores e as belezas do mundo que os outros não querem ver ou não veem", observa, num fórum da internet, um terapeuta espiritual de 42 anos.

Essas supostas conexões servem, muitas vezes, para criar ideias irreais. O **pensamento mágico** está no roteiro de quem apresenta o estilo esquizotípico. No filme *Como água para chocolate*, Tita, a protagonista, acredita que o sabor de suas receitas está diretamente relacionado a seus sentimentos. Uma linda metáfora romântica na ficção, mas que, na vida real, causa constrangimento e mal-estar tanto ao indivíduo com essa natureza quanto às pessoas que o cercam.

"Outro dia, olhei um quadro de Picasso e achei que foi feito para mim. Não sei como, porque ele morreu antes de eu nascer. Mas sou eu ali. Os olhos, a expressão... Minha única amiga acha que estou piorando", conta uma jovem paciente, em referência a uma obra da fase cubista do pintor espanhol.

"Estamos sempre buscando o sentido de tudo e isso nos faz sentir diferentes, especiais, mágicos. Um alienígena", comenta uma jovem, em referência a outro traço: a tendência a alterações nas percepções sensoriais. Com naturalidade, o indivíduo do estilo esquizotípico relata sentir a presença de uma pessoa ou ouvir uma voz sussurrando seu nome. É o tal sexto sentido, que é retratado em histórias de poderes sobrenaturais, telecinesia (capacidade de movimentar objetos a distância), leitura da mente, enfim, experiências semelhantes a ilusões ou alucinações.

Pense em Dom Quixote, o personagem de Miguel de Cervantes. Nascido numa família rica, ele passa a infância e a adolescência entretido com romances de cavalaria. Na vida adulta, incorpora o cavaleiro medieval e sai em busca de aventuras. Combate moinhos de vento acreditando serem gigantes. Enfrenta dois rebanhos de ovelha que trata como nobres inimigos – chega a descrever suas armas e seus escudos. Tem um linguajar e vestuário deslocados no tempo e no espaço. Ele possui um único amigo, o fiel escudeiro Sancho Pança, que enxerga a realidade, mas não convence o cavaleiro andante. Num único perfil, Cervantes reuniu diversas características do estilo esquizotípico: o pensamento mágico, o figurino excêntrico, o vocabulário pouco comum, a dificuldade de conviver com outras pessoas... "À força de tanto ler e imaginar, fui me distanciando da realidade a ponto de já não poder distinguir em que dimensão vivo", diz Dom Quixote, numa passagem do livro.

Os indivíduos com esse traço também tendem a se tornar extremamente supersticiosos. Todos nós conhecemos alguém que não gosta de gato preto, não passa embaixo de uma escada ou implica com determinados números ou cores. No réveillon, pulamos sete ondas e guardamos os caroços de romã para atrair sorte. A diferença é que o sujeito de estilo esquizotípico dará a volta no quarteirão para não passar embaixo da tal escada e carregará uma penca de amuletos se acreditar em sua eficácia.

Daí para o misticismo e o ocultismo, é um pulo. Seitas pouco convencionais funcionam como ímã. O perigo é que, uma vez ou outra, a fantasia sai do controle. Em 1997, o ex-professor de música Marshall Applewhite convenceu 39 pessoas ligadas à seita Porta do Paraíso a se suicidarem, em San Diego, na Califórnia. Ele acreditava que, depois de mortos, pegariam carona na cauda do cometa Hale-Bopp, de passagem pela Terra.

Na prática, o indivíduo com esse traço está na fronteira da esquizofrenia. Mas há uma diferença:

quem exibe o estilo esquizotípico rechaça a realidade e acredita ter poderes extrassensoriais. Seu comportamento é excêntrico, mas não há desintegração do pensamento, tampouco delírios nem alucinações, ao contrário de quem é diagnosticado como esquizofrênico. O limite, porém, é tão sutil que pode confundir até os psiquiatras.

Não raras vezes, as pessoas com traços marcantes desse transtorno embarcam em viagens psicodélicas e consomem substâncias que podem causar alucinações ou, na visão delas, "abrir as portas da percepção". É o barato do chá de cogumelo, por exemplo. Cultos que incluem o uso de alucinógenos os atraem com facilidade. O mesmo vale para religiões pagãs e seus ritos exóticos, nos moldes das práticas descritas, por exemplo, no livro *As brumas de Avalon*.

Fica fácil entender por que o indivíduo é visto como esquisitão. Ele pode aparecer na sua frente com vestimentas pouco usuais – até mesmo uma fantasia –, evitando o contato visual. Haverá dois tipos opostos de reação. Uns acharão graça e aceitarão sua excentricidade, ainda mais quando falamos de um traço leve. Outros não têm paciência e acabam ridicularizando e rejeitando esses indivíduos. Nem sempre é fácil lidar com alguém que tem ideias muito distintas do convencional.

Imagine, então, no competitivo mercado de trabalho, em que padrões de comportamento são muito valorizados. Claro, vez ou outra, alguém que pensa "fora da caixa" consegue destaque, mas mesmo esses indivíduos precisam estar enquadrados no que consideramos "normal". Por isso, o esquizotípico pode se voltar para um trabalho de natureza solitária ou optar por profissões ligadas ao ramo das ciências exatas ou ocultas. "Não consegui me adequar a um emprego convencional, mas uso minha clarividência para ganhar a vida fazendo mapas astrais", afirma um rapaz identificado com esse traço.

Alguns estudos fazem uma associação entre criatividade e esquizotipia – do mesmo modo que relacionam o transtorno de personalidade esquizoide à imaginação fértil. A diferença é que o esquizoide mergulha num mundo interior por rechaçar a vida real, enquanto o esquizotípico cria um **mundo paralelo** por sentir que não pertence ao mundo de verdade. "Não fico maluco. Eu sou maluco. Fico normal de tempos em tempos", brinca um rapaz com traços esquizotípicos. Ou, como diria o Chapeleiro Maluco, de *Alice no país das maravilhas*, numa de suas célebres tiradas: "Eles dizem que para sobreviver, você precisa ser louco como um chapeleiro. Por sorte, eu sou."

DIAGNÓSTICO

Os primeiros sintomas do transtorno de personalidade esquizotípico podem aparecer na infância e na adolescência. São crianças e jovens solitários, com poucos amigos, fraco rendimento escolar e sensibilidade excessiva, que usam uma linguagem peculiar e descrevem fantasias anticonvencionais. Como parecem estranhos, podem sofrer *bullying*.

Para a Associação Americana de Psiquiatria, o diagnóstico do transtorno de personalidade esquizoide só pode ser feito depois dos 18 anos, a partir da avaliação das seguintes características:

- Ideias de referência, crenças estranhas ou pensamento mágico;
- Experiências perceptivas incomuns;
- Pensamento e discurso diferente do convencional;
- Desconfiança ou ideação paranoide;
- Afeto inadequado ou constrito;
- Comportamento e aparência extravagantes;
- Ausência de amigos próximos;
- Excessiva ansiedade social. •

DIFICULDADES NA CONVIVÊNCIA

Do script de um esquizotípico podem sair características que causam desconforto e mal-estar, tanto para ele quanto para as pessoas que o rodeiam. Indivíduos com essa natureza são desconfiados e incoerentes, podendo ter crenças estranhas e ideias de perseguição. Sua ansiedade social é o outro fator de incômodo para quem convive com eles. Os relacionamentos também são difíceis, porque o indivíduo demonstra seus sentimentos de maneira peculiar e pouco convencional.

FERRAMENTAS PARA A CONVIVÊNCIA

Tolerância. Eis a palavra-chave para lidar com um esquizotípico. Se você convive com um, deve respeitar seu jeito diferente e excêntrico de ser, evitando ridicularizá-lo. Não perca tempo tentando modificá-lo: ele não compreende seu problema e não percebe o possível mal-estar que causa ao outro. Porém, em casos de ansiedade intensa, depressão e sintomas psicóticos agudos, deve-se recorrer a ajuda especializada.

No dia a dia, demonstre interesse por suas ideias e opiniões. Isso ajudará a criar laços e a facilitar a relação. Não espere que alguém com esse traço seja cuidadoso com tarefas domésticas, já que ele não se preocupa com obrigações como pagar as contas ou manter a despensa cheia. Paciência, compreensão e um pouquinho de fantasia são outros elementos que ajudam a estabelecer uma conexão.

PARANOIDE: "DE OLHOS BEM ABERTOS."

"Osvaldo, o administrador do hospital, passa horas de olho nas câmeras instaladas, a seu pedido, em todos os cantos do prédio. Além das alegadas razões de segurança, ele acredita que precisa estar vigilante por outro motivo: seus colegas de trabalho planejam puxar seu tapete. Por trás das brincadeiras e gozações de que é alvo, aposta que há alguma má intenção. Por isso, não pode dar mole. Osvaldo também está sempre atento a quem escapa ao padrão convencional de comportamento. A missionária esquisitona, vestida de maneira excêntrica, está em sua mira. O laboratorista barbudo também. O administrador desconfia, sem a menor prova, de que ele esconde alguma espécie de arma química no armário. Ao longo da vida, Osvaldo aprendeu que o inimigo espreita por todos os lados. Portanto, é preciso firmeza. Apesar dos protestos da família, em casa, privacidade é conto da carochinha. Por sinal, xeretando o celular da mulher, encontrou duas ligações para um número desconhecido. Louco de ciúmes, fez um escândalo, até descobrir que era o número da escola dos filhos. Pediu desculpas, mas ficou com uma pulga atrás da orelha. Haja orelha para tanta pulga. Os vizinhos, por exemplo, estão cansados de suas insinuações. No livro do condomínio, ninguém registrou mais reclamações do que ele, que não vê nisso nada de excepcional. Todo mundo esconde um podre. Cabe a Osvaldo manter os olhos bem abertos. E que ninguém se meta com ele. Vingança, a seu ver, é um prato que se come quente."

DESCONFIANÇA.

Essa, talvez, seja a palavra que melhor define um indivíduo com traços do transtorno de personalidade paranoide. São pessoas com grande desconfiança e suspeita em relação aos outros, a ponto de suas motivações serem interpretadas como malévolas. Extremamente observadoras, acreditam que podem ser exploradas, maltratadas ou enganadas, mesmo sem o menor indício de que isso realmente vá acontecer. Por esse motivo, estão sempre alertas, como Osvaldo, o administrador do hospital.

Gostam de se vangloriar, por exemplo, de que leem nas entrelinhas ou que captam significados ocultos nos mínimos gestos e detalhes, embora na maioria das vezes isso não se confirme. Pessoas com estilo paranoide tendem a dividir o mundo entre os representantes do bem e os do mal. Não é à toa que adoram filmes, livros e jogos de guerra. Sabem tudo sobre conflitos bélicos, gostam de armas e estudam estratégias de batalha. Se fossem escolher um jogo de tabuleiro para representá-las, as chances de que elegessem "War" seriam enormes.

As pessoas com esse traço afastam de si toda a "maldade" e projetam sua raiva e hostilidade em figuras externas, o que pode levá-los ao **fanatismo**. Com facilidade, aderem a seitas esotéricas, nas quais encontram um público com quem compartilhar suas crenças paranoides. É o caso do reverendo Jim Jones, que promoveu o suicídio de 918 pessoas numa comunidade religiosa na Guiana, em 1978. Ele acreditava que uma guerra nuclear acabaria com o planeta e convenceu seus seguidores a se matar tomando veneno.

Aos olhos de um leigo, parece difícil acreditar que alguém embarque nessas crenças infundadas, mas a capacidade de convencimento de pessoas com esse transtorno de personalidade vai mesmo além da imaginação. Alguns podem se tornar líderes messiânicos, envolvendo-se em causas sociais.

No filme *Teoria da conspiração*, o funcionamento da mente de pessoas com estilo paranoide ganha cores bem reais. O protagonista é um motorista de táxi que mantém um jornal para divulgar a existência de complôs no primeiro escalão do governo dos Estados Unidos. Apesar de ter apenas cinco leitores, o taxista começa a ser perseguido. Ele acredita que querem eliminá-lo por causa de suas denúncias, mas nada comprova essa tese. A trama em círculos tipifica bem o indivíduo com essa natureza. Sua expectativa de **traição** e **rejeição** costuma deflagrar reações em quem tem o mesmo transtorno, o que contribui para ele confirmar com mais ênfase suas suspeitas iniciais.

Se o Big Brother previsto por George Orwell em 1984 tornou-se quase realidade, com o mundo sob vigilância constante, o indivíduo desse tipo encontra terreno fértil para dar vazão a sua natureza. Afinal de contas, para ele, desconfiança leva a **controle**. Estar rodeado de câmeras e de equipamentos de segurança facilita a vida de quem anda sempre atento aos perigos reais ou, na maioria das vezes, imaginários. Em tradução livre, a letra da música "Every breath you take", da banda The Police, explica bem a questão. São indivíduos que a cada respiração, a cada movimento, a cada passo, "estão observando você". Por você, neste caso, leia-se qualquer um que os rodeie.

Na ficção ou na vida real, o paranoide vive em estado de observação, vigilância e controle. Num blog, o funcionário de uma loja revela que largou o emprego, cansado de, diariamente, ter que prestar contas ao chefe, que não acreditava no baixo número de vendas e desconfiava de que estivesse sendo roubado.

Pensar em vigilância em níveis tão extremos é característica típica dos indivíduos com esse traço. Eles avaliam as pessoas antes de se envolverem com elas e relutam em confiar nos outros, porque temem fornecer informações que possam ser maldosamente usadas contra si mesmos. Portanto, precisam manter um elevado controle daqueles ao seu redor. Num primeiro instante, são reservados e cautelosos e parecem mais tímidos do que antipáticos. Depois que firmam laços, tendem a respeitá-los, pois valorizam bastante a fidelidade e a lealdade.

Não espere, porém, que um indivíduo com essa natureza se entregue por completo nos relacionamentos mais íntimos: ele faz questão de manter sua independência e autonomia. Dificilmente alguém consegue ultrapassar a **blindagem afetiva** imposta aos outros pelos paranoides.

A blindagem tem ainda outro efeito: as pessoas que têm esse traço não se expõem, nem mesmo no anonimato das redes sociais. Eles até criam grupos para discutir seus problemas, mas conseguir acesso a esses grupos requer paciência e habilidade. Provavelmente, exigirão provas de que você não irá traí-los. Na avaliação de alguém com traço forte de desconfiança, sempre há um inimigo pronto para prejudicá-lo. "Na minha cabeça, as pessoas me odeiam e me julgam pelas minhas costas", afirma um paciente paranoide.

Outro aspecto a ser ressaltado são as suspeitas infundadas de que estão sendo traídos por cônjuges ou parceiros sexuais. Não é à toa que, quando se envolvem numa relação amorosa, as pessoas com esse traço tendem a exagerar no **ciúme**. "Vasculho os bolsos, o celular, a carteira da minha mulher. Sei que ela está me traindo, mas ainda não consegui a prova", declara uma pessoa diagnosticada como paranoide. A música "Meu ciúme", de Roberto Carlos, ilustra até que ponto esse sentimento pode chegar:

Sua ausência aumenta a imaginação
E o pior é que acredito
em coisas sem razão
Mas é tudo fantasia
É o meu ciúme.

Outra paciente conta que o namorado já tomou seu celular, obrigando-a a manter escondido um telefone para falar com a família. O infundado medo de traição levou o rapaz a proibir a namorada até de fazer contato com outras pessoas.

Em família, pessoas com traços marcantes e persistentes de desconfiança acentuada podem exagerar na tentativa de manter o controle, o que se manifesta de variadas formas. Tendem a evitar novas amizades e intimidade com estranhos. É provável que equipem a casa com muitos dispositivos de segurança. Frequentemente se interessam por aprender a manejar armas de fogo – e chegam até a colecioná-las. Também podem demonstrar preocupação excessiva com doenças imaginárias.

Com os filhos ou outras pessoas próximas, o indivíduo de estilo paranoide pode assumir o papel de inquisidor, fazendo perguntas capciosas e excessivas, parecendo se esquecer do sentido da palavra privacidade. No filme *As tartarugas ninja*, a divertida história juvenil, o rato mutante Mestre Splinter é responsável pelos heróis adolescentes Leonardo, Donatelo, Michelangelo e Rafael. Para proteger seus meninos, ele os mantém num subterrâneo do metrô, rodeado por equipamentos de segurança e sob vigilância 24 horas por dia. Subir à superfície, nem pensar. Lógico que o quarteto o desobedece, e o desespero de Splinter ao ver que fugiram de seu controle é bem característico das reações de um paranoide. Ele alega que as tartarugas precisam de sua proteção porque somente ele conhece o mundo lá fora.

"Um paranoide é alguém que acha que sabe um pouquinho mais do que os outros", disse o escritor americano William S. Burroughs. O "pouquinho mais" está diretamente ligado à pretensa capacidade de um sujeito com esse traço de analisar depressa uma pessoa, sob sua ótica por vezes desfocada e distorcida.

A excessiva sensibilidade à rejeição e à crítica é outra característica do indivíduo com essa natureza. O comportamento do "patrulheiro espacial" Buzz Lightyear, da série *Toy Story*, nos dá uma boa pista nesse sentido. O personagem acredita que precisa salvar o mundo das garras de um vilão das galáxias. Quando outros brinquedos contam-lhe que ele é apenas um boneco, Buzz passa a acreditar que todos estão contra ele e não conseguem enxergar o perigo iminente.

Numa das cenas do desenho, Buzz diz ao amigo Woody que ele está atrapalhando sua missão. Woody, irritado, responde que Buzz é um brinquedo, "um objeto para as crianças usarem". Sem acreditar, o patrulheiro estelar limita-se a desdenhar do companheiro: "Você é um homenzinho triste. Tenho pena de você", diz, antes de partir para a tal aventura inexistente.

Receber críticas leva as pessoas com esses traços a confirmar suas suspeitas de que o mundo as rejeita. Ao se aproximarem de uma roda de conversa de conhecidos, podem acreditar que são o assunto. E que estão falando mal, é claro. Se um colega de trabalho recebe uma promoção, não importa o mérito: o reconhecimento à capacidade alheia tem o objetivo de humilhá-las e desmerecer suas conquistas. E pense bem antes de oferecer ajuda a um indivíduo desta natureza. Ele pode interpretar suas bem-intencionadas iniciativas como sugestão implícita de que é portador de fraqueza, e talvez se sinta ofendido.

Esses sujeitos enxergam sempre o lado negativo das coisas. Não aceitam brincadeiras: tudo é humilhação. Sabe aquela pessoa que, ao ouvir um bom-dia, responde "bom dia por quê"? Ressentidos e rancorosos, não perdoam injúrias nem afrontas, podendo reagir erraticamente. Em alguns casos, esse espírito querelante acaba na Justiça. Não é raro se envolverem em processos judiciais, reivindicando algum direito, indenização ou reparação a supostos danos.

Em geral, oscilam entre dois extremos, para justificar suas desconfianças. Alguns, com **baixa autoestima**, sentem-se permanentemente preteridos e rejeitados. Outros acreditam serem dotados de atributos especiais, o que os torna alvo de inveja e hostilidade alheias.

O protagonista de *Taxi driver*, interpretado por Robert De Niro, se enquadra no primeiro caso. Morando numa Nova York feérica e decadente, mas sem se adaptar, ele circula pelas ruas da cidade num táxi, vestindo uniforme militar, agindo sempre de forma violenta, até se deparar com uma jovem prostituta. Salvá-la das garras de um cafetão torna-se seu objetivo, embora a garota rejeite a proteção.

Entre outros aspectos, o filme mostra como, não raras vezes, o que era uma tentativa de aproximação com uma pessoa de traços paranoides acaba abrindo uma frente de guerra. No nosso cotidiano, são cenas que acontecem, por exemplo, entre vizinhos. Uma senhora conta que os moradores de uma rua pacata num bairro de classe média do Rio de Janeiro estão a ponto de fazer um abaixo-assinado contra uma vizinha. Motivos não faltam. A mulher, que mora sozinha num casarão trancado a sete chaves, é vista, frequentemente, vigiando a rua pelas frestas das janelas e não perde a chance de provocar os vizinhos pelas mais diversas razões – quase sempre banais. "Ela vive procurando motivos para brigar com alguém. Parece que sente prazer em ser implicante", diz a senhora num post.

Não chega a ser um prazer, mas, para um indivíduo com esse traço, ter alguém em quem refletir suas desconfianças funciona como um bálsamo. Ele não está errado – os outros é que não conseguem entender sua maneira de ver as coisas. Diante da hostilidade que encontra no mundo exterior, reage com uma postura defensiva. Está sempre pronto para interrogar o interlocutor. Seus diálogos são recheados de perguntas dúbias. Busca falhas no discurso alheio para justificar seus temores. Em geral, parece isolado e distante, mas, quando transforma um suspeito em inimigo, pode ser extremamente vingativo.

Quem desconfia está sujeito a cair em desgraça. Portanto, se você discorda de uma pessoa com transtorno de personalidade paranoide, faz chacota ou muitas perguntas sobre sua vida, pode se transformar num adversário em potencial e fornecer o combustível necessário para a chama que a move: a dicotomia **perseguidor-perseguido**. Ou seja, se você não está com o paranoide, está contra ele.

Basta ver o fenômeno crescente do chamado *revenge porn* (pornografia de vingança). Traduzindo em miúdos, trata-se de postar na internet fotos íntimas de um ex-parceiro. Todos os dias, lemos histórias de pessoas que foram expostas simplesmente porque o ex-namorado ou a ex-namorada desconfiou de que estivesse sendo traído(a). Mesmo sem provas, o tipo paranoide é capaz de causar estragos gigantescos.

"Nosso namoro era cheio de altos e baixos", conta uma vítima desse tipo de comportamento. "Ele desconfiava tanto que chegou a ponto de me ligar quatrocentas vezes num único dia. Eu andava na rua como um robô, porque, às vezes, ele me seguia e eu sabia que, se olhasse para o lado, ele ia dizer que eu estava dando mole para alguém. Não aguentei e terminei tudo. Durante semanas, ele ameaçou publicar nossas fotos e vídeos íntimos. Aí, parou. Achei que tinha aceitado e feito a fila andar. Até que, três meses depois, ele postou uma foto minha nua no meu perfil. Descobri que tinha hackeado minhas senhas e meus e-mails. Passei a receber propostas sexuais de desconhecidos. Cancelei todas as minhas contas em redes sociais, mas a história virou uma bola de neve. Pensei em me matar", revela a moça, que recorreu à Justiça para bloquear a divulgação da foto.

Casos assim são cada vez mais comuns e mostram a energia que pessoas com estilo paranoide podem empregar contra alguém quando desejam vingança. Elas usam todas as armas a seu alcance no intuito de provar que, sim, estavam certas: eram traídas e tinham o direito de virar o jogo.

DIAGNÓSTICO

O transtorno de personalidade paranoide é mais comum em homens. Os traços podem aparecer na infância e adolescência, com relatos de baixa sociabilidade, rendimento escolar sofrível e ansiedade social. Muitas vezes, as crianças são tachadas de estranhas ou excêntricas.

Para a Associação Americana de Psiquiatria, o diagnóstico está relacionado a sete características:

- Suspeita, sem embasamento, de estar sendo explorado, maltratado ou enganado;
- Preocupação injustificada com a lealdade de amigos e sócios;
- Incapacidade de confiar em quem quer que seja; »

- Percepção de significados ocultos em qualquer situação;
- Guarda rancores;
- Acredita sofrer ataques a seu caráter ou a sua reputação que não são percebidos pelos demais;
- Tem dúvidas constantes sobre a fidelidade do parceiro. •

Cabe fazer uma distinção entre o transtorno de personalidade paranoide, a esquizofrenia paranoide e o transtorno delirante paranoide. No caso da esquizofrenia paranoide, as vivências do indivíduo tornam-se profundamente modificadas. Há perda do juízo da realidade, com percepções delirantes e alucinações. Já o transtorno delirante paranoide leva o paciente a ter uma crença delirante, inabalável, de estar sendo perseguido ou traído, por exemplo. São situações bem mais complexas do que o transtorno de personalidade paranoide. Especialmente em situações de estresse acentuado, pessoas com TP paranoide podem apresentar quadros psicóticos transitórios.

DIFICULDADES NA CONVIVÊNCIA

Na bagagem emocional do indivíduo com transtorno de personalidade paranoide não faltam elementos para causar danos a si próprio ou às pessoas de sua convivência. Ele é desconfiado, rancoroso, agressivo e ciumento. Tem um comportamento hostil e, como acredita estar sendo perseguido, facilmente revida assumindo o papel de perseguidor. Quando acha que foi traído – mesmo que não tenha uma prova sequer –, pode se tornar vingativo. Suas ideias paranoides também o levam às raias do fanatismo.

FERRAMENTAS PARA A CONVIVÊNCIA

Lidar com uma pessoa com traços paranoides envolve, acima de tudo, tornar-se confiável aos olhos dela. Indivíduos com essa natureza precisam de constantes provas de respeito e lealdade. Não conteste suas desconfianças, por mais exageradas que lhe pareçam – ele acredita fielmente em suas ideias e, caso seja questionado, pensará que você também está jogando no time adversário. E tampouco exagere nas perguntas, para não despertar a desconfiança.

Eles precisam ter certeza de que estão no controle da situação. E nada de joguinhos amorosos, daqueles para provocar ciúmes. Estar seguro da fidelidade do companheiro é fundamental para a pessoa que tem esse traço. Portanto, deixe de lado as brincadeiras, chacotas e todo tipo de provocação. Ele pode reagir de forma agressiva ou ter um comportamento vingativo.

Enfim, seja polido e formal. Evite se expor ou fazê-lo se expor. E uma dica que vale para todos os transtornos de personalidade: não tente modificá-lo. Pessoas com traços marcadamente paranoides não terão "os olhos bem abertos" para dentro de si e reagirão com indignação e mais suspeitas diante de quaisquer tentativas de apontar uma disfunção.

GRUPO B

Este é um fenômeno totalmente novo na história da humanidade: é importante aparecer em público. A importância de se exibir, até agora, era exclusiva de alguns assassinos em série, que queriam chamar a atenção dos jornais e da polícia. Agora, são as pessoas comuns que têm essa necessidade. É como compartilhar uma colonoscopia com o mundo.

UMBERTO ECO

ANTISSOCIAL: "OS FINS JUSTIFICAM OS MEIOS."

“Desde a adolescência, o comportamento de Rodrigo chamava a atenção. Na escola, seu livro de advertências era farto. Ali, ficaram registradas brigas, episódios de fuga, *bullying* com os colegas... Deveres de casa e trabalhos em grupo não eram com ele – mas, graças a sua beleza e a seu jeito sedutor, não faltava quem fizesse seus deveres. Flagrado vendendo drogas no pátio, foi expulso e peregrinou por diversos supletivos até se formar no ensino médio. Conseguiu cola no vestibular e passou para uma universidade conceituada. Mas faltava as aulas e preferia ir à praia, além de usar drogas e vendê-las para os amigos. Sequer se dava ao trabalho de fazer as provas, o que causou seu jubilamento. O jeito irresponsável nunca foi obstáculo para atrair as garotas. Pelo contrário. O permanente ar descolado sempre funcionou como chamariz. Festinhas regadas a álcool, drogas e sexo sem proteção faziam parte de sua vida desde os 15, 16 anos. Os pais acreditavam que a fase "ia passar" quando Rodrigo se tornasse adulto. Enquanto frequentou a faculdade, namorou a filha de um político influente, que, encantado com seu carisma, lhe arrumou uma vaga numa repartição. A partir daí, ele ampliou seus contatos, tornando-se popular por seu discurso justiceiro e altruísta dentro do partido ao qual acabou se filiando. Envolveu-se num escândalo de corrupção, mas está mexendo os pauzinhos, e tudo indica que se livrará sem maiores dificuldades. Conheceu Paula, uma garota bonita, insegura, de comportamento instável e filha de um executivo de uma multinacional, altamente respeitado e influente, o que lhe atraiu mais ainda, pois nada como juntar o útil ao agradável. A moça foi presa fácil para o rapaz, que, não raras vezes, "ficava" com outras mulheres, sem se importar com o sofrimento que causava. Rodrigo gosta de dizer que tem a mente livre demais para seguir as regras da sociedade."

PARASITAS predadores.

Eles gostam de levar vantagem em tudo: como não têm sentimento de culpa, seduzem, mentem, abusam, manipulam, agridem e transgridem. Enfim, não se importam com regras, convenções nem com o restante da humanidade. Na definição da Associação Americana de Psiquiatria, indivíduos com transtorno de personalidade antissocial têm “um padrão de desconsideração e violação dos direitos das outras pessoas”. Carecem de **culpa** e **empatia**. Incapazes de se colocar no lugar do outro, não se importam com os sentimentos, os direitos e o sofrimento alheio.

Frank Underwood, protagonista da série *House of Cards*, representa uma pessoa com traços antissociais de personalidade. Para conquistar seu objetivo, elimina quem ou o que se colocar seu caminho.

Na abertura do primeiro episódio, Frank não hesita ao encontrar um cachorro agonizando após ter sido atropelado. Simplesmente mata o animal. "Há dois tipos de dor. A dor que fortalece e a dor inútil, a que é só sofrimento. E eu não tenho paciência para coisas inúteis", diz, sem alterar um músculo do rosto, enquanto torce o pescoço do cão. Melhor cartão de visitas para o indivíduo com esse traço, impossível. Ao longo dos 39 episódios das três temporadas, o personagem manipula, seduz, conspira, transgride, abusa e faz muito mais. E, acredite, ele chega aonde quer deixando destruição ao longo do caminho.

A letra de "Antissocial", da banda Anthrax diz:

Você é um trem que vai pra onde não importa
Você ama sua existência infernal
Dinheiro é tudo que você deseja

Irresponsáveis consigo mesmos e com os outros, são movidos pela busca desenfreada por prazer. Para satisfazer suas necessidades, não hesitam em burlar regras ou ignorar suas obrigações financeiras, seus compromissos e suas promessas. O fato de nada planejarem faz com que naveguem de acordo com a maré. O dinheiro acabou? Vai aparecer mais, apostam. A pessoa não interessa mais? Lixo. Na próxima esquina, haverá alguém capaz de lhe oferecer o que quer – dinheiro, sexo, poder...

Em um único parágrafo, o escritor americano Bret Easton Ellis descreve de maneira contundente a natureza de uma pessoa com o estilo antissocial de personalidade. "Só quero ser amado, amaldiçoando o mundo e tudo o que me foi ensinado: princípios, honrarias, escolhas, moral, concessões, conhecimento, unidade, oração – estava tudo errado, sem qualquer propósito final. Tudo acabou se reduzindo ao seguinte: morra ou adapte-se", define Patrick Bateman, protagonista do livro *O psicopata americano*, obra-prima de Ellis, levada ao cinema com Christian Bale no papel principal. O personagem é um jovem bem-nascido, bem-criado, bonito e rico, que se diverte matando pessoas pelas ruas de Nova York.

Talvez não seja coincidência que psicopatas, serial killers, vampiros e zumbis estejam tão na moda, tanto no cinema quanto na literatura. São representações clássicas do espírito predador: em nome do desejo, sacrificam o outro, sem se importar com o que sobrará depois da conquista. "Você não pode fazer isso. Entrar na vida de uma pessoa, fazer com que se importe com você e desistir assim", explica um personagem da série *The Walking Dead*, a saga de humanos contra zumbis que já chegou à quinta temporada, arrebatando mais de 36 milhões de espectadores em todo o planeta. Pessoas que se envolvem de forma intensa com alguém com traços antissociais proeminentes dificilmente escaparão de serem sugadas e descartadas.

Indivíduos com traço patológico de exposição a riscos, comum aos que têm o estilo antissocial, não se intimidam nem se assustam com situações que causam temor ou apavoram grande parte das pessoas. Eles carecem da adequada preocupação com as próprias limitações e com perigos pessoais reais. Vivem em ritmo de aventura e gostam de estímulo, novidades e atividades potencialmente perigosas, como dirigir de forma imprudente, usar drogas sem limites e cometer crimes, caso surja a oportunidade. No sexo, não têm fronteiras ou barreiras, e seus relacionamentos são marcados pela promiscuidade. Afinal de contas, o indivíduo com essa natureza vive como quer, seguindo as próprias regras.

"Permanecer comigo em meus dias de lucidez é mais perigoso do que conviver com um assassino. Se bem que, conviver comigo por si só já é um insulto a sua própria segurança", diz um homem, num site.

É claro que ter um traço antissocial não faz de ninguém um criminoso. Pelo contrário: a maioria dos crimes é cometida por pessoas sem transtorno mental algum, ou seja, a delinquência de forma isolada não é suficiente para um diagnóstico. Porém, quando observamos o comportamento do autor de um crime bárbaro, com frequência encontramos algumas características do estilo antissocial. Ao descrever a vida de Suzane von Richthofen na cadeia, uma agente penitenciária evidenciou como a jovem – condenada a 39 anos de prisão por matar os pais – aparenta ter traços de manipulação, frieza e **sedução**, típicos do antissocial. "Ela é cativante, principalmente quando quer alguma coisa. Dança e faz as pessoas dançarem de acordo com a música dela", disse a carcereira, numa entrevista.

Cabe lembrar que infringir a lei não é sinônimo apenas de matar. Desonestidade e fraudulência também podem aparecer no histórico das pessoas com esse traço – o resultado de suas ações está estampado, diariamente, nas manchetes dos jornais. É o caso do político ou do empresário que, de uma hora para outra, deixa a pose de bom moço, bom marido, bom patrão e bom pai de família e aparece nas páginas policiais, envolvido em algum escândalo ou caso de corrupção.

Muitos do estilo antissocial são charmosos, eloquentes e encantadores, vivem de forma aparentemente normal na sociedade e têm grande habilidade para explorar as debilidades do sistema legal. Não se espante se ouvir elogios a um indivíduo com essa natureza. Em nossa sociedade competitiva, a capacidade de agir com dureza e burlar regras é considerada atributo para a sobrevivência.

Uma pessoa com traços antissociais se vale de subterfúgios para **manipular**, influenciar ou controlar suas vítimas, até convencê-las a fazer o que quer. Não é difícil imaginar o que acontece quando se depara com quem possui características de um transtorno de personalidade dependente.

O filme *Grandes olhos*, que conta a história da pintora americana Margaret Keane, retrata essa relação predatória entre um antissocial e um dependente. Ao fugir com a filha pequena de um marido abusivo, Margaret conhece o charmoso e sedutor Walter Keane. Encantada por ele, aceita que o parceiro assine suas obras, que logo se tornam um sucesso em todo o mundo. Por mais que perceba o erro daquele relacionamento e entenda que Walter a menospreza, Margaret passa vários anos subjugada. Walter, por sua vez, ignora a visível tristeza da mulher e assume um talento que sabe não ser seu. Sua capacidade de manipular é tão absurda que ele convence todos a seu redor. Ao ser confrontado com a verdade, reage de maneira agressiva e culpa a mulher por seus erros. Com a maior tranquilidade, um indivíduo com traços antissociais pode culpar as vítimas por serem tolas, desamparadas ou merecedoras de seus destinos.

O filme ilustra outra faceta do sujeito com esse traço: a **insensibilidade**. O antissocial percebe o sofrimento alheio, mas, como bom parasita predador, extrai tudo o que quer de sua vítima, antes de descartá-la de vez. Dali, parte para a próxima aventura, sem a menor culpa ou remorso quanto aos efeitos negativos e prejudiciais causados.

Mas o que torna um potencial predador tão atraente? Num primeiro momento, quem cruza com ele pode pensar que tirou a sorte grande. Pela facilidade que tem para perceber a fragilidade do outro, o antissocial encarna à perfeição o papel de salvador, protetor e benfeitor – daquela pessoa especial que resolve todos os problemas ou que proporciona momentos de alegria, descontração, felicidade e prazer. Com o passar do tempo, a maré começa a mudar.

"Não sou antissocial, sou seletivo. Gosto das pessoas enquanto elas me divertem, servem aos meus anseios e me dão prazer. Depois, viram lixo. Por sinal, meu lixo está cheio. Bem-vindo", afirma um paciente. É claro que esse estilo temerário pode ser assustador para alguns, mas extremamente sedutor para outros, em especial os mais ingênuos e reprimidos.

Embora o indivíduo antissocial viva sem ligar para o que vai acontecer, é evidente que seu comportamento tem implicações, que podem ser até dramáticas e cruéis. Na biografia do indivíduo desse estilo não são incomuns acidentes sérios, detenções, falências ou doenças graves, consequências diretas de atitudes irresponsáveis, impetuosas, cruéis, arrogantes e impensadas. O padrão de comportamento se repete com a família, no trabalho e no ambiente social.

No escritório, não há dúvidas: o antissocial está ali como parasita ou predador. É aquele cara cheio de si, com seu jeito inflado e arrogante. Provavelmente, exibe um charme desinibido e superficial e, com frequência, desdenha de suas funções, por considerá-las abaixo de seu potencial. Muitos, porém, não se preocupam de verdade em ganhar dinheiro com o próprio esforço e estão apenas espreitando uma presa para sugar, inclusive financeiramente.

Mesmo assim, um indivíduo com essa natureza pode ascender na profissão sem muitas complicações. Apresente uma função que exija lidar frequentemente com novidades e você verá como ele se mobiliza. Afinal de contas, **desafio** é uma de suas palavras favoritas. Agora, dificilmente o indivíduo com traços antissociais cumpre as regras do jogo. Ele engana, faz falcatruas e manipula quem quer que atravesse seu caminho. Exemplos não faltam. Há alguns anos, os jornais noticiaram a história de um rapaz que enganou a *high society* fazendo-se passar pelo filho do dono de uma companhia aérea. Em outra manchete, um presidiário admitiu ter extorquido dinheiro de pacientes de um hospital fingindo ser médico – e telefonou da cadeia para suas vítimas.

Dois episódios reais, que viraram sucessos de Hollywood, também mostram pessoas desse estilo. No filme *Prenda-me se for capaz*, baseado na vida do falsário Frank Abagnale Jr., o protagonista passa anos fugindo da polícia e do fisco, usando variados disfarces – médico, aviador, advogado. Antes dos 20 anos, já acumulava milhões de dólares. Sua especialidade? Falsificar cheques. Já *O lobo de Wall Street*, inspirado nas memórias de Jordan Belfort, operador do mercado financeiro, mostra a vertiginosa ascensão do personagem, seu envolvimento com falcatruas, drogas e prostitutas. Ele vai do céu sem limite que o dinheiro pode comprar ao inferno da cadeia.

Esse comportamento insensível, hostil e orientado para a gratificação imediata também tem reflexos na vida familiar. Há alguns anos, o mundo se espantou com a história de Elisabeth Fritzl, mantida em cativeiro pelo pai, Josef, por 24 anos, no porão da própria casa. Estuprada repetidas vezes, a moça teve sete filhos com ele. Durante todo o período, Josef levou uma vida normal e continuou morando com a mãe de Elisabeth no mesmo imóvel em que mantinha a jovem presa. Em público, ainda chorava pelo sumiço da filha. Episódios semelhantes, que envolvem violência doméstica (nos mais variados graus) e abusos sexuais, também podem aparecer, em algum momento, no histórico do sujeito com transtorno antissocial.

Caso você conviva de perto com um indivíduo com esse traço, saiba que, por mais que ele pareça simpático e seja mesmo apaixonante, dificilmente satisfará as necessidades básicas de atenção, honestidade e cuidado que o outro espera. Numa definição poética, cantada por Rita Lee na música "Doce vampiro", o indivíduo desse estilo vai beber seu sangue como um licor:

brindando a morte
e fazendo amor

Eis aí a dualidade do antissocial. Ele oferece o céu para conseguir o que quer. Mas, ao contrário da canção, não vai curar a ferida que causou. Seguirá fazendo novas vítimas, porque não cumpre as mínimas regras de respeito ao próximo e de convivência. Vários revelam incongruência entre um sedutor discurso humano e altruísta e uma atitude baseada exclusivamente em interesses pessoais. Violar regras não causa arrependimento, e ele não pretende justificar seus atos.

DIAGNÓSTICO

O transtorno de personalidade antissocial é mais comum entre homens, e há estudos indicando que ter um parente de primeiro grau com o transtorno acarretaria uma predisposição ao problema. É comum que indivíduos com essa natureza também apresentem características dos TPs narcisista, borderline e histriônico. Não há tratamento ou remédio que auxilie quem tem esse transtorno, mas, com o passar do tempo, os traços podem se suavizar.

O diagnóstico está relacionado a uma lista de características elaborada pela Associação Americana de Psiquiatria:

- Fracasso em ajustar-se às normas sociais;
- Tendência à falsidade;
- Incapacidade de planejar o futuro;
- Irritabilidade ou agressividade;
- Descaso com a própria segurança ou com a segurança alheia;
- Irresponsabilidade reiterada;
- Ausência de remorso. •

Outra peculiaridade é que se trata de um TP cujas características surgem de maneira mais evidente antes dos 18 anos. Tanto que, para ser diagnosticado, o indivíduo precisa ter apresentado sintomas de transtorno de conduta na adolescência, o que pode ser entendido como um padrão repetitivo de comportamento que ignora ou transgride de forma persistente os direitos dos outros ou as normas de convivência social.

Traduzindo em ações, trata-se de agredir pessoas ou animais, fraudar, roubar ou cometer atos de vandalismo que incluam a destruição de propriedade. São jovens que, costumeiramente, maltratam bichos, arrumam briga, colam em provas, desrespeitam os mais velhos ou quebram lixeiras ou telefones públicos, entre outras ações que não podem apenas ser associadas a certa rebeldia típica da idade, merecendo atenção especial e acompanhamento profissional desde cedo.

DIFICULDADES NA CONVIVÊNCIA

Listar as armas que um indivíduo com estilo antissocial usa para atingir o outro não é simples. Ele se mostra abusador e agressivo, mas astuto o suficiente para que seu jeito controlador e arrogante não pareça tão evidente quanto seu comportamento sedutor e manipulador.

Imprudente e impulsivo, o indivíduo com esse traço tende a mentir para enredar suas vítimas. Como bom parasita social, está sempre em busca de alguém para explorar. É um legítimo predador, que não para de rondar possíveis presas.

FERRAMENTAS PARA A CONVIVÊNCIA

Os indivíduos do estilo antissocial sabem enganar e não têm freios morais. Portanto, para conviver com um deles e não cair na armadilha de segui-lo a qualquer custo, acompanhe os versos da velha canção: "É preciso estar atento e forte." Acredite, não será fácil. Eles têm um poder de encantamento e uma vitalidade muito atraentes, ainda mais para pessoas que demonstram fragilidade emocional.

Então, fique alerta para as tentativas de sedução e manipulação que o indivíduo com essa natureza costuma impor. Se algo lhe parecer muito estranho – ilegal, imoral ou antiético, por exemplo –, não guarde para si. Procure alguém de sua confiança, ou um profissional especializado, e relate o que está ocorrendo. No mínimo, você estará se protegendo de algum problema futuro.

Evite, também, confrontar uma pessoa com esse traço. Quando contrariada, ela pode reagir muito mal, inclusive de forma violenta e vingativa. Vai ser perda de tempo tentar repreendê-la: como ela não sente empatia ou culpa, o efeito será nulo. Não espere fidelidade e imponha limites para não ser vítima de abusos psicológicos e de exploração financeira.

BORDERLINE:
"POR UM FIO."

"O circo sempre fascinou Paula. Ela podia passar horas observando os malabaristas, os mágicos e, principalmente, os equilibristas. Andar na corda bamba, ficar pendurada de cabeça para baixo... Um passo em falso e... A ideia da morte nunca lhe pareceu desconfortável. Tanto que, na adolescência, após brigar com a amiga que acabara de fazer na nova escola, cortou os pulsos. Queria pôr um fim àquela dor intensa e sem explicação. Parecia que, em vez de ser constituído de coração, pulmão e rins, seu corpo era um imenso vazio. Ela sobreviveu, mas nunca esqueceu a sensação de a vida se esvair. O mesmo alheamento que sentia quando o tio passava horas tocando seu corpo, de forma muito estranha para um relacionamento familiar. A irmã gêmea descobriu o abuso e contou para os pais. Paula nunca falou sobre o assunto. Pressionada a denunciar o tio, reagiu fazendo cortes nos braços e nas pernas, hábito que repete até hoje em situações de estresse. Quando está animada, sai à noite e bebe até cair. Já acordou ao lado de pessoas de quem sequer sabia o nome, rodeada de garrafas de bebida vazias. Duas ou três vezes, seus pais foram resgatá-la em delegacias. Chegou a ser presa por dirigir embriagada e em alta velocidade. Gosta de meninos e de meninas, mas está sempre com a sensação de que está prestes a ser abandonada. Então, "cola" na pessoa com quem estiver, tentando tudo para evitar o abandono. Como dizia uma antiga canção, manda mil rosas roubadas e ameaça morrer de fome se não for correspondida no amor. Quando o outro não aguenta a pressão, ela pira. Já destruiu o carro de um ex, só porque ele terminou o relacionamento. Apesar do mal-estar emocional constante, ela tem momentos de "paixão e magia". Pena que duram tão pouco. O carrossel de emoções volta a girar e lá vai Paula num turbilhão, sempre caminhando no fio da navalha."

IMPULSIVOS e instáveis. Eis aí dois traços de personalidade de Paula, a personagem de nossa história. O borderline parece viver numa montanha-russa de sentimentos – e haja equilíbrio emocional para acompanhá-lo. A bem da verdade, a palavra "equilíbrio" não existe no vocabulário de quem tem esse transtorno de personalidade. Eles apresentam um "padrão de instabilidade das relações pessoais, da autoimagem, dos afetos e de impulsividade acentuada que surge no início da vida adulta e está presente em vários contextos". A definição da Associação Americana de Psiquiatria deixa claro como é difícil lidar com esta patologia psíquica.

"Não é fácil ser *border*, viver no limite, transbordar amor, ódio, raiva, tristeza. Mas se tudo se acalma, o tédio toma conta e preciso ir atrás de algo que me faça sentir viva. Mas é linda a paixão do novo, é tudo tão extremo, contraditório, complexo. As cicatrizes das dores que carrego estão muito visíveis aos olhos de todos. Mostro essa dor, com os cortes que eu mesma fiz. Lidar com a culpa desse ato é o caos. Espero um dia ser feliz", relata, no consultório, uma paciente de 23 anos.

As pessoas com esse traço vivem entre o amor e o ódio, a idealização e a desvalorização. Seus relacionamentos são instáveis e intensos. Após um primeiro ou segundo encontro, podem fantasiar o companheiro como o amor de sua vida. E mal começam a namorar, já exigem dedicação integral. Também não esperam conhecer melhor o outro para partilhar suas vivências mais íntimas. Porém, se vão do zero ao cem em alguns segundos, fazem o caminho inverso na mesma velocidade. Quando se frustram por não receber o cuidado, a atenção e a proteção esperada, podem perder o interesse subitamente, com igual fervor.

Fica claro que possuem baixa tolerância à frustração e à imposição de limites, especialmente diante de um possível abandono real ou imaginário ou de mudanças de planos inesperadas. Em geral, a possibilidade da rejeição desperta uma avalanche de reações destemperadas. Pessoas com traços borderline de personalidade são capazes de reagir com chantagens emocionais e impulsividade, o que, em casos extremos, pode culminar em agressões ao outro ou a si mesmas.

Eu quis o perigo e até sangrei sozinho
Entenda – assim pude trazer você de volta pra mim
Quando descobri que é sempre só você
Que me entende do início ao fim
E é só você que tem a cura pro meu vício.

Não é à toa que no universo borderline as músicas de Renato Russo são muito citadas. Suas letras, como "Índios", lembram o que se passa no coração e na mente das pessoas com esse estilo de personalidade.

Em grupos de autoajuda, encontramos relatos de indivíduos com esse traço que ainda acreditam que a canção tem um significado subliminar. Para eles, "sangrei sozinho" é uma referência à **automutilação**. Cortar os braços com facas, giletes ou qualquer outro objeto é uma prática comum entre essas pessoas. Nem sempre o borderline quer realmente se matar – ele apenas está avisando que não hesitará em atentar contra a própria vida. O **pensamento suicida** frequente é o principal motivo pelo qual procuram ajuda. Funciona como um sinal de alerta para quem está ao redor. São vários os casos de pessoas com transtorno de personalidade borderline que se mataram muito jovens ou que ficaram com sequelas físicas por conta das mutilações.

No livro *Objetos cortantes*, a protagonista Camille Preaker passou um longo período internada numa clínica de reabilitação para pessoas que se automutilam. Desde a adolescência, ela escrevia em seu corpo com qualquer objeto cortante que encontrasse pela frente. Nos momentos de aflição, sente que as palavras se iluminam, funcionando como uma espécie de consciência corporal.

Camille também tem outro traço típico do estilo borderline: a impulsividade que leva ao comportamento **autodestrutivo**. Antes mesmo de entrar na faculdade ela já é alcoólatra e leva uma vida sexual promíscua. O abuso de drogas ou os comportamentos compulsivos, como comer excessivamente e gastar dinheiro sem controle, também estão no corolário de possíveis manifestações.

Traços impulsivos patológicos podem ser inferidos em casos reais, como o do universitário que morreu numa maratona de bebidas. O rapaz tomou trinta doses de álcool em apenas uma hora. Em uma rede social, ele destacava uma frase do poeta russo Vladimir Maiakóvski: "Melhor morrer de vodca do que de tédio."

O comportamento da princesa Diana também indicava traços patológicos de instabilidade emocional e impulsividade. Biografias de Lady Di e relatos de pessoas que conviveram com ela apontam distúrbios alimentares recorrentes, ciúme doentio, excessivo e injustificado do marido, o príncipe Charles, tendência à automutilação e frequente alternância de humor. "Você tem tanta dor dentro de si que se machuca por fora porque quer ajuda", disse ela, numa rara entrevista, revelando uma das sensações mais frequentes relatadas por quem tem esse estilo.

Flertar com a morte é outra característica perigosa e que tem relação direta com o traço patológico de impulsividade. O filme *Garota, interrompida* retratou bem isso na personagem Susanna, interpretada por Winona Ryder, que, aos 18 anos, é internada num hospital psiquiátrico após tentar o suicídio, ao fim de um namoro mal-sucedido. Suas emoções descontroladas fazem com que se aproxime de outra interna, a envolvente e carismática Lisa (Angelina Jolie). A relação das duas mostra o que acontece quando alguém com traços borderline encontra um indivíduo de natureza antissocial.

Na ficção, a combinação explosiva da **passional** com a sedutora e manipuladora termina em tragédia. Curiosamente, tanto Winona quanto Angelina têm um histórico conturbado. Winona já foi presa por roubar roupas numa loja de grife, e Angelina, além dos muitos parceiros, homens e mulheres, que teve na juventude, carregava um vidro com o sangue do então marido pendurado no pescoço, entre outras excentricidades.

Como a Susanna do filme, pessoas com transtorno de personalidade borderline podem desenvolver sintomas psicóticos como alucinações, ideias de referência e distorções na imagem corporal, quando submetidas a situações de estresse. Outras admitem ter uma muleta emocional: apegam-se a um objeto de valor sentimental ou a um animal de estimação, por exemplo. Dizem que se sentem mais seguras na companhia dessas "bengalas" do que com outros indivíduos.

É possível observar pistas do transtorno de personalidade borderline na adolescência, embora o diagnóstico só possa ser firmado no início da vida adulta. O livro *O apanhador no campo de centeio*, de J. D. Salinger, um clássico da literatura americana, pode ser interpretado como a história de um *border* em formação. Holden Caulfield, de 17 anos, age de forma frenética para evitar um **abandono** real ou imaginado; tem como padrão relacionamentos instáveis e intensos, oscilando entre a idealização e a desvalorização; é impulsivo nos gastos e no uso de drogas e, frequentemente, ao longo da narrativa, admite sentir um vazio inexplicável.

O rapaz vive se envolvendo em brigas, motivadas por acessos de raiva. Eis aí outro traço dos indivíduos borderline: como lidam mal com a palavra "não", podem reagir com violência quando contrariados. Uma simples discussão no trânsito chega rapidamente às vias de fato. Assim como o jovem Holden Caulfield, o indivíduo com esse transtorno tenta, a todo custo, preencher o **vazio** existencial que o incomoda, seja em família ou nos relacionamentos amorosos. Pula de galho em galho, à procura de algo que sequer consegue explicar direito o que é.

Porém, é preciso tomar cuidado para não confundir as coisas. Adolescentes e jovens adultos com problemas de identidade – em especial quando embalados pelo uso de álcool e drogas – tendem a apresentar, transitoriamente, comportamentos similares ao estilo borderline. São episódios caracterizados por instabilidade emocional, dilemas existenciais, incertezas sobre a orientação sexual ou a carreira profissional.

Na vida do indivíduo com esse traço, episódios assim também acontecem, mas repetidamente ou com frequência, e não apenas em situações de estresse. Quem convive com pessoas com estilo borderline sabe que elas avaliam a própria imagem de maneira **inconstante**, com mudanças súbitas e dramáticas de opinião. O mesmo vale para o trabalho, a identidade sexual e o afeto pelos outros. E não se espante se, de uma hora para outra, a tristonha vítima assumir o papel de vingador de sofrimentos passados. Esses indivíduos costumam sentir um contínuo mal-estar, aliviado apenas em raras e honrosas ocasiões.

Ousados e com necessidade de adrenalina, muitos deles viram praticantes de esportes radicais ou levam seu organismo ao extremo – seja usando drogas, levando uma vida sexual promíscua e desprotegida ou dirigindo perigosamente. **Monotonia** é uma palavra que não cai nada bem no dicionário de quem apresenta esse traço.

Na vida real, os relacionamentos com pessoas de estilo marcadamente borderline também costumam ser desastrosos. Amy Winehouse, em "Tears dry on their own", cantava:

Eu não entendo
por que estresso um homem
quando há coisas tão mais importantes
poderíamos não ter tido nada.

A artista, que morreu aos 27 anos, apresentava um longo histórico de abuso de drogas e álcool e de relacionamentos fracassados. Em outro sucesso, "Wake up alone", ela também foi precisa ao descrever como são as relações amorosas dos borderlines:

Está tudo bem durante o dia eu fico ocupada
compromissada o bastante não preciso imaginar
onde ele está
cansei de chorar
então ultimamente
quando me pego assim eu viro o jogo
me levanto e limpo a casa
pelo menos não estou bebendo.

É o que transparece também na letra de "Lithium", do Nirvana, escrita por Kurt Cobain, que se suicidou aos 27 anos, e tem o mesmo histórico de uso abusivo de drogas e de relacionamentos explosivos:

Eu gosto – eu não vou pirar
Sinto sua falta – eu não vou pirar
Eu te amo – eu não vou pirar
eu te matei – eu não vou pirar

Quando a família percebe que um indivíduo com estilo borderline está prestes a "entrar em pane", deve procurar auxílio profissional. Eis aí outro grande desafio: as pessoas com esse traço demoram para aceitar o diagnóstico e, quando o fazem, tornam o tratamento uma batalha diária contra o especialista que os atende. Elas questionam o remédio, a dose e os efeitos colaterais. Se o especialista avalia que a terapia está funcionando bem, pode-se desencadear uma regressão grave do paciente.

"O que mais irrita vocês na relação psicólogo-paciente? Adoraria ouvir histórias de quem abandonou a terapia", indaga um rapaz, num grupo que reúne pessoas autoidentificadas com o traço borderline. "Abandonei porque ela não sabia lidar comigo. Ficava nervosa ao me ver. Quando falava algo, era bem vago", responde uma garota, no mesmo fórum. "Às vezes, eu falo umas coisas que não têm nada a ver, só para testá-la. E ela cai direitinho. Acho graça", afirma outra paciente.

A **autossabotagem** também faz parte do arsenal destrutivo do indivíduo com esse traço. É uma arma usada toda vez que ele está perto de realizar algo. Pense no universitário que abandona o curso às vésperas da formatura ou naquela amiga que insiste em terminar um namoro que, visivelmente, vai de vento em popa – só ela enxerga turbulência, mas não tente demovê-la.

Se para as pessoas com estilo borderline a vida é marcada pela instabilidade afetiva ou pela impulsividade, imagine o que acontece com quem faz parte de seu círculo de relações, seja familiar, social ou profissional. No ambiente de trabalho, por exemplo, quando ocupam cargos de chefia, fazem a linha "morde e assopra", alternando elogios rasgados com críticas devastadoras. "Às vezes, meu chefe parece fugir do controle, fica irado, colérico, por nada. De repente, tudo fica bem. Sinto como se estivesse caminhando em areia movediça", conta o funcionário de uma multinacional. Portanto, na vida de indivíduos com essa natureza não faltam episódios de mudanças de escola, perda de empregos e divórcios, por exemplo.

Em família, outra lição de paciência. As relações entre pais e filhos ou entre irmãos costumam sofrer constantes abalos por causa da instabilidade emocional da pessoa com esse traço. "Não sei mais o que fazer com minha filha. Tentamos de tudo. Tratamentos, remédios. Uma hora, ela é a pessoa mais doce do mundo. No momento seguinte, está no quarto xingando", revela uma mãe que postou um pedido de ajuda num blog destinado a *borders*.

O fato é que, intensos por natureza, os indivíduos com este traço exigem que o outro retribua na mesma moeda. E é aí que mora o perigo. Quando isso não acontece, eles podem ter ataques de **raiva** e fazer qualquer coisa para conseguir o que querem. Na letra de "Mentiras", Adriana Calcanhoto desfia um rosário de ações que poderiam estar no diário de um borderline: "eu quero quebrar essas xícaras", "eu vou enganar o diabo", "e violentar o seu rosto", "eu já arranhei os seus discos", "eu vou invadir sua alma", "eu vou publicar seus segredos".

O sentimento de **posse** pode ser assustador para quem vive ao lado de um indivíduo com traço borderline. Ele quer todo o nosso tempo, nossa atenção e nosso afeto. A sensação de que "suga as energias" faz todo o sentido: ligado em 220 volts, ele realmente torna a vida do outro elétrica. Às vezes, essa intensidade pode ser luminosa. Outras horas, chega a dar choque. "Cansei dos altos e baixos. Às vezes, sou um monstro, insensível e egoísta. Um segundo depois, sou doce e cuidadosa. Não consigo corresponder ao que ele espera de mim. Mas acho que nem ele sabe o que espera de mim", revela uma pessoa diagnosticada com esse traço, admitindo que a relação com o marido estava abalada.

Do ponto de vista do outro, a situação realmente tem contornos dramáticos. Não é fácil lidar com alguém que manipula as situações ao reagir com raiva ou autoagressão. "O segredo de sair de vez de uma relação tóxica com um *border* é perceber que, enquanto você estiver com ele, morrerá aos poucos. Você não dará conta de preencher o gigantesco vazio existencial deles. Essas pessoas sugam nossa energia, nosso tempo, nossa vida", relata um paciente, de 36 anos. "É preciso força para sobreviver."

DIAGNÓSTICO

Para diagnosticar alguém com esse transtorno, a Associação Americana de Psiquiatria aponta nove traços:

- Esforços desesperados para evitar o abandono real ou imaginado;
- Padrão de relacionamentos interpessoais intensos e instáveis;
- Perturbação da identidade, com instabilidade da percepção sobre si mesmo;
- Impulsividade em pelo menos duas áreas autodestrutivas (consumismo, abuso de álcool e drogas, sexo sem proteção);
- Recorrente comportamento suicida ou automutilante;
- Instabilidade afetiva;
- Sentimento crônico de vazio;
- Raiva intensa e difícil de ser controlada;
- Ideação paranoide em momentos de estresse. •

O traço borderline é mais comum entre as mulheres. Não há cura, mas o passar do tempo atenua as características. Dos 30 aos 50 anos, grande parte dos indivíduos com esse transtorno conquista maior estabilidade afetiva e profissional. Muitas vezes, o problema está associado a outros transtornos, como bipolar, depressivo ou por uso de substância. Também são comuns as relações com quadros de bulimia.

Várias características se confundem com traços de bipolaridade, principalmente no que se refere ao humor instável e às atitudes impulsivas. Não raras vezes, pessoas com este traço são tratadas como se tivessem transtorno bipolar e vice-versa. A diferença básica está na forma como a instabilidade se apresenta. Os borderlines têm um padrão de comportamento específico desde o início da vida adulta. Ou seja, esse é o jeito que agem no mundo. Já o bipolar sofre crises e surtos, o que de alguma forma pode ser controlado com medicamentos. Em resumo, é mais fácil estabilizar alguém com transtorno bipolar.

DIFICULDADES NA CONVIVÊNCIA

Dentro do vulcão prestes a entrar em erupção representado pelo estilo borderline, encontramos uma lista de elementos explosivos. Acima de tudo, os indivíduos com essa natureza são autodestrutivos e impulsivos. Nas relações interpessoais, mostram-se ciumentos, possessivos, chantagistas, dramáticos e instáveis. Também são irresponsáveis e manipuladores, e têm tendências suicidas.

FERRAMENTAS PARA A CONVIVÊNCIA

Se você convive com um borderline, pode recorrer a algumas estratégias para não se sentir sequestrado por seu turbilhão existencial. Quando ele estiver em momentos de puro amor, aproveite a maré, mas não se iluda, porque a tranquilidade não deve durar muito. Em pouco tempo, ele é capaz de se expressar de forma extremamente desagradável; é preciso muita força e equilíbrio para não deixar sua autoestima ir por água abaixo. Faça da serenidade a palavra-chave do relacionamento, principalmente para suportar os episódios de fúria desmedida e sem razão. A fúria costuma passar logo. Tenha em mente que as explosões e alternâncias de humor são recorrentes, ou seja, vêm e vão.

Também é importante evitar a dicotomia entre o idealizado e o não idealizado – estabeleça limites e não abra mão deles, principalmente para evitar situações de risco em potencial. Por fim, não aceite o papel de vítima nem de algoz. Pessoas com acentuados traços borderline têm um padrão que se repete com todos que lhe são próximos. Saber que não é nada pessoal ajuda bastante a sobreviver no caos. Mas, diante de ameaças ou tentativas de suicídio ou automutilação, procure ajuda especializada. Existem medicações estabilizadoras do humor e psicoterapias que podem ser eficientes para atenuar de forma significativa o mal-estar desses indivíduos e daqueles que os cercam.

HISTRIÔNICO: “MINHA VIDA DARIA UMA NOVELA.”

"A vida de Sandra sempre foi um palco. Pelo menos, é assim que ela pensa, e azar de quem não teve a sorte de ser tão encantador quanto ela. Desde o fim da adolescência, usa a sedução para conseguir o que quer. Quando a estratégia dá errado, apela para outros argumentos – com pelo menos dois ex--namorados, ameaçou suicídio. Bastou retomarem o relacionamento para que ela dispensasse os rapazes. Fanática por boa forma e beleza, bate ponto diariamente na academia e muda de atividade física a cada modismo que surge. Tem uma prateleira repleta de cremes caros, faz todo tipo de tratamento com a dermatologista e seu guarda-roupa poderia muito bem ser o de uma estrela de Hollywood. Seu marido, Marcos, executivo de uma multinacional, não se lembra de tê-la visto de cara lavada – até na maternidade e no resguardo dos três filhos contratou uma maquiadora, para "receber a contento" as visitas. Em qualquer ambiente que chega, Sandra deseja ser o centro das atenções. Quer fazê-la feliz? Arrume um convite VIP para um camarote badalado. Quer irritá-la? Tente roubar sua cena. Em família, quando isso acontece, ocorrem crises de choro, chantagem emocional, mal-estares súbitos e a velha história de que ninguém a compreende, a ama nem valoriza o afeto que dispensa. Os filhos até desconfiam de que tudo não passa de faniquito, mas melhor não contrariar. Entre as amigas, quem ousa aparecer mais bonita, mais arrumada ou ser melhor anfitriã, por exemplo, está condenada a uma falsidade que encobre sua frieza glacial. Mesmo proclamando aos quatro ventos seu amor por Marcos, continua jogando charme para todos que a rodeiam. "100% sexy", diz uma camiseta que adora usar. Dona de gestos teatrais, tem sempre uma história para contar, naturalmente melhor, mais impressionante ou mais dramática que a de seu interlocutor. Nas redes sociais, publica fotos de seu armário com roupas de grife, de seu carrão, do prato delicioso que comeu no restaurante da moda e das férias que passou numa praia paradisíaca. Gosta de se vangloriar de ter milhões de amigos, embora inclua nessa categoria pessoas que nem de longe privam de sua intimidade."

CAÇADORES de atenção.

Escolher um objeto que represente o indivíduo com o transtorno de personalidade histriônica é bem simples: o holofote. "Todos me olham quando estou no centro do picadeiro", canta a diva pop Britney Spears, em "Circus".

> *Existem apenas dois tipos de pessoas no mundo*
> *as que são o* ***espetáculo***
> *e as que assistem*
> *bom, eu sou o tipo de garota que faz o show*
> *não gosto dos bastidores*
> *tenho que ser a primeira,*

diz a letra, interpretada pela estrela que parece seguir à risca a ideia "falem mal, mas falem de mim" e tem sua vida exposta diariamente nas revistas de fofocas.

Pessoas com traços de personalidade histriônica, como Sandra, uma das personagens da história que abre este livro, são intensas, extrovertidas, teatrais. Estão sempre em busca de atenção, pouco importa se positiva ou negativa. No senso comum, são aqueles indivíduos que, para atrair os holofotes, penduram uma melancia no pescoço ou simulam um desmaio, quando contrariados. O importante é que todos os olhares estejam voltados para ele. Querem protagonizar a cena dos eventos cotidianos, que tratam de valorizar e glamorizar. Nas relações interpessoais – seja em casa, no trabalho ou em sociedade –, investem tempo, dinheiro e energia para impressionar o outro, sendo hábeis em seduzir com sua atitude e aparência. Se preciso, usam a sensualidade como arma. Em geral, têm um humor peculiar, o que pode lhes garantir muitos aplausos, gargalhadas e curtidas, seja na vida real, seja nas redes sociais. Em resumo, os indivíduos com esse traço fazem de tudo para aparecer.

Vivemos um momento cultural propício para o desabrochar desse estilo. É a chamada "civilização do espetáculo", na definição do escritor Mario Vargas Llosa. O leitor ou consumidor abdica de um esforço intelectual maior, em busca do prazer instantâneo e barato, que dispensa grandes responsabilidades. Basta passar por uma banca de jornal ou navegar na internet para encontrar os cidadãos dessa civilização cavando seu lugar ao sol. São mulheres que trocam de roupa em lugares públicos – e, "sem querer", mostram mais do que deveriam –, jovens que posam com carrões, joias ou armas (sim, há exibicionismo de tudo), e inúmeras fotos de férias, compras e pratos saborosos.

A **exibição** é a regra; não importa o que está sendo exposto. Não é à toa que o chamado "funk ostentação", com letras falando de carrões, roupas de grife e camarotes, faz tanto sucesso. São títulos como "O rei do camarote", "Amor e dinheiro" ou "Ferrari, Porsche e Camaro". Mesmo os fatos mais banais precisam ser espalhados aos quatros ventos. Quantas vezes você não se espantou ao ler que uma modelo botou tantos litros de silicone nos seios? E que fulano comprou uma mansão com vinte quartos? Lógico que isso só interessa a eles e a mais ninguém. Mas todo mundo fica sabendo. E o que dizer da longevidade dos *reality shows* – com pessoas comuns sob os holofotes 24 horas por dia –, que continuam um fenômeno real e palpável do nosso tempo?

As redes sociais são um elixir para alguém com traços histriônicos, pois podem multiplicar por mil a **atenção** que acredita merecer para os acontecimentos, alegrias, conquistas e dramas de sua vida. Tudo é devidamente registrado, compartilhado e, se der certo, curtido e comentado. Tudo mesmo. Nos Estados Unidos, um jovem matou outro e postou seu feito numa rede social. Ganhou centenas de comentários e curtidas antes de receber a visita da polícia, que o mandou direto para a cadeia.

Se você contar um problema para alguém com esses traços, provavelmente ele vai relatar um episódio ainda mais **dramático**. "Essas garotas que se automutilam e postam suas fotos estão querendo aparecer", observa uma moça diagnosticada com esse transtorno. "Duvido que tenham mais dificuldades do que eu", completa, deixando evidente outra característica dos histriônicos: suas glórias e seus dramas são mais importantes do que as necessidades alheias e precisam ser resolvidos, custe o que custar.

"Não vou mentir: eu gosto de ser desejada, por homens e mulheres. É muito mais do que massagear o ego. É quase uma necessidade", escreve uma moça num blog. "E aí, meninas, como vocês praticam o jogo da **sedução**?", provoca o mediador de um grupo fechado na internet. "Todos os meus amigos já sofreram de paixonite aguda por mim", responde uma jovem, no mesmo fórum. "Faço sem perceber e canso de ter aos meus pés uma pessoa pela qual não tenho o mínimo interesse", comenta outra internauta.

Em geral, indivíduos com este transtorno têm aparência e comportamento provocativo ou sedutor, de forma um tanto inadequada, como no caso de Sandra, personagem da história inicial, que adora usar a camiseta com os dizeres "100% sexy". Não agem assim apenas com as pessoas por quem nutrem algum interesse romântico, mas tendem a jogar charme em todos os seus relacionamentos sociais, ocupacionais e profissionais, para muito além do que seria apropriado a cada contexto social.

Curiosamente, embora façam da sedução uma arma, costumam ter dificuldade para criar intimidade genuína – incluindo a sexual – com seus parceiros, já que, sem perceber, tendem a desempenhar papéis em suas relações amorosas, como a "princesa", segundo diz Caballo, a "vítima" ou "o dominado". Muitos indivíduos com esses traços acabam decepcionando na hora H, pois vendem uma imagem mais quente e provocativa do que a realidade. O excesso de *sex appeal* também pode reduzir sensivelmente a capacidade de fazer amigos do mesmo sexo, pois os histriônicos sempre parecem uma ameaça aos relacionamentos do outro.

Na busca por atenção, eles frequentemente tentam **manipular** as situações e emoções alheias. Mentem, inventam histórias e fazem o que for preciso para tornar sua vida mais interessante, glamorosa ou sofrida, dependendo da plateia que pretendem conquistar. Um mero elogio por sua bondade ou beleza ganha ares de enredo de novela das oito. A falta de limites para atrair os holofotes pode criar situações constrangedoras e dolorosas.

Um homem de 40 anos conta, no consultório, que sua ex-mulher simulou ter sido vítima de agressão sexual após o término do relacionamento. Ela chegou a dar queixa e fazer um retrato falado do suposto estuprador. A incoerência no relato levou a polícia a concluir que se tratava de uma denúncia falsa. O homem, porém, preferiu retomar o casamento. "Meus amigos dizem que era tudo chantagem emocional, mas o sofrimento dela parecia real", relatou ele.

O **ciúme** desponta como outra característica marcante dos histriônicos. Afinal de contas, se são os únicos merecedores de atenção, como podem suportar que ela esteja voltada para outra pessoa? Pense na visão clássica da sogra, que odeia a nora mesmo antes de conhecê-la. Se "dedicou a vida toda" ao filho, exigirá o pagamento na mesma moeda, sem se dar conta de que essa obrigação pode se tornar um fardo. "Eu me sacrifiquei por ele e, agora, me trocou por uma qualquer", descreve uma mulher diagnosticada com o traço histriônico. "Fico frustrada por tentar ser uma pessoa boa e minha sogra sempre ver o pior em mim. Está movendo mundos e fundos para me separar do filho dela", relata uma jovem que recorreu ao tratamento em busca de ajuda para aprender a lidar com a sogra.

Na ficção, não faltam exemplos de personagens com esse tipo. Madame Bovary, protagonista do livro de Gustave Flaubert, é considerada uma heroína histriônica clássica. Entediada com a vida pequeno-burguesa e com um casamento sem muitas aventuras, ela busca no adultério uma forma de encontrar liberdade e felicidade. Ao descrevê-la, o narrador diz que "tinha necessidade de tirar de tudo uma espécie de benefício pessoal e rejeitava como inútil o que quer que não contribuísse para a satisfação imediata de um desejo do seu coração".

E como não identificar as facetas desse estilo em Scarlett O'Hara, a ambígua e mimada protagonista de *E o vento levou*? O pano de fundo é a Guerra Civil Americana, mas ela está mais ocupada em encantar rapazes com seu jeito sedutor e arrebatar as mulheres com sua pretensa simpatia. O vestido mais bonito, o cabelo mais bem penteado... Numa das cenas mais emblemáticas do filme, Scarlett ergue as mãos aos céus e proclama: "Com Deus por testemunha, eu nunca mais passarei fome." Mais teatral, impossível.

A história também está repleta de mulheres com esse traço de personalidade. Cleópatra, Maria Antonieta... Não é à toa que, durante séculos, o histrionismo foi considerado um problema feminino. Puro preconceito. Basta se lembrar de Dom Pedro I, um sedutor nato, que não deixava escapar nenhuma oportunidade de cortejar uma dama. Hoje, estudos indicam que esse traço pode aparecer, na mesma proporção, em ambos os sexos.

Em todos os exemplos, trata-se de gente que seduz, joga charme e manipula, conseguindo, assim, a atenção que deseja. Eis aí o jogo favorito das pessoas com traços histriônicos. Para vencê-lo, consciente ou inconscientemente, farão tudo. A letra da música "Rosas", interpretada por Ana Carolina e apontada numa rede social como "a" canção dos histriônicos, diz:

De tantas mil maneiras que eu posso ser
estou certa que uma delas vai te agradar

Bons sedutores, eles sempre tentam hipnotizar sua plateia. Mestres no entretenimento, são, na maioria das vezes, a alma de uma festa. Também garantem muita animação para as pessoas mais próximas. Mas essas emoções intensas podem mudar de lado. E aí mora o perigo. Se relegados a segundo plano, são capazes de fazer de tudo para recuperar o protagonismo da cena, o que inclui ter **reações intempestivas** e iradas.

Portanto, não ouse fazer críticas contundentes a esses indivíduos. Como dedicam muito tempo, energia e dinheiro para atrair toda a atenção possível, eles costumam reagir mal a comentários mais ácidos, ficando logo chateados, até em excesso. "Meu marido reclamou da minha roupa e eu joguei a aliança na cara dele. Depois, quebrei uns copos e comecei a chorar. Funcionou", diz uma paciente de 53 anos, admitindo que, “uma vez ou outra”, recorre à chantagem emocional para conseguir algo dos parentes ou amigos. Se a vida fosse um palco, os críticos considerariam que se trata de um ator “*overacting*”, ou seja, que atua de forma exagerada.

De qualquer forma, eles acabam desenvolvendo a capacidade de perceber o que agrada ao outro. Com isso, conseguem interpretar os sinais não verbais das pessoas ao seu redor e os usam em benefício próprio. No trabalho ou com a família, costumam expor suas opiniões de maneira intensa, por vezes teatral. Com frequência, carecem de argumentos e têm um discurso **superficial**, sem convencer o interlocutor, que enxerga a cortina de fumaça na atitude desses indivíduos. Como ferramenta de convencimento, usam mais a forma do que o conteúdo.

O fato de evitar se aprofundarem em assuntos mais complexos faz com que muitas vezes sejam tratados como “sonhadores” ou “cabeças de vento”. No fim das contas, compensam tudo com sua imaginação fértil. São especialistas em contar histórias – nas quais desempenham papéis de protagonistas. Embora nem sempre sejam verdadeiras, acabam cativando a outra pessoa e, por fim, conquistando a atenção tão desejada.

Além disso, ainda que pareçam dotados de forte personalidade, são facilmente **sugestionáveis** e tendem a modificar seus sentimentos e suas opiniões em função de outras pessoas ou de modismos. Têm tendência a dar palpites e adotar novas convicções com muita rapidez. Costumam, ainda, confiar em autoridades, pois acreditam que essas pessoas são capazes de resolver seus problemas de forma mágica.

Indivíduos com estes traços de personalidade precisam ser constantemente elogiados e receber favores especiais, que os diferenciem das pessoas "comuns". Mimos, por sinal, que "só eles conseguem".

No ambiente de trabalho são extrovertidos, criativos e intuitivos, sexualmente provocativos e sedutores. Por vezes, começam numa função com muito entusiasmo, mas logo desanimam, pois procuram excitação e rapidamente se entediam com a rotina. Bajulam os superiores com rara habilidade. Tudo isso os faz parecer inofensivos, mas é justamente uma estratégia para sugar a confiança alheia. Ao conseguir, estão prontos para puxar o tapete de quem quer que seja.

As relações podem ser complicadas. Aturar chantagens e dramas constantes não é a única dificuldade no caminho de quem se relaciona com um histriônico. Ele não terá, por exemplo, o menor pudor em ignorar um velho amigo por alguém que acabou de conhecer. Também jogará charme para a (o) namorada (o) daquele companheiro de anos – única e exclusivamente com a intenção de exercer seu poder de sedução.

Não contente em se vangloriar de ter "um milhão de amigos", ainda trata de forma efusiva pessoas com quem não tem a menor intimidade, pois considera as relações mais íntimas do que são de fato. Naturalmente, esse tipo de comportamento atrai muitos "seguidores" (aos olhos dos outros, bajuladores), encantados com o jeito "alma da festa" do histriônico. Aos amigos verdadeiros, resta aceitar o comportamento altamente sugestionável e influenciável e jamais se vitimizar.

Portanto, ao se envolver amorosamente com pessoas com traços histriônicos marcantes, desconsidere a possibilidade de ele se importar com seus sentimentos. "Preciso viver no jogo. Detesto fazer isso, já fiz até com quem não devia, mas minha sanidade mental depende de estar sempre jogando", conta uma jovem com essas características.

Apesar da teatralidade contida em cada pequeno gesto, os histriônicos têm lá seus encantos – que podem hipnotizar, por exemplo, pessoas com traços mais acentuados de introversão, num jogo de luz e sombra. Quando se apaixonam, são intensos, o que os torna encantadores. Relacionamentos de longa data podem ser negligenciados para dar espaço à excitação de novas aventuras.

DIAGNÓSTICO

O diagnóstico do transtorno de personalidade histriônico também se dá a partir dos 18 anos. Há um equilíbrio na proporção de homens e mulheres que sofrem desse mal. É preciso levar em conta a questão cultural, uma vez que, entre os ocidentais, a repressão a comportamentos exibicionistas é bem menor do que entre os orientais.

De acordo com a Associação Americana de Psiquiatria, a avaliação é feita a partir das seguintes características:

- Desconforto em situações em que não é o centro das atenções;
- Comportamento sexualmente sedutor e exagerado;
- Mudanças emocionais rápidas;
- Discurso grandiloquente, mas carente de detalhes;
- Dramatização das emoções;
- Uso excessivo da aparência física para atrair olhares;
- Personalidade sugestionável;
- O indivíduo acredita que as relações pessoais são mais íntimas do que de fato são. ●

DIFICULDADES NA CONVIVÊNCIA

São comuns ameaças ou tentativas de suicídio, episódios de chantagem emocional e crises explosivas de ciúmes. Mentira, dramatização e manipulação dos fatos também são traços comuns. Não raras vezes, ocorrem episódios de somatização, fazendo surgir sintomas de determinada doença. Acima de tudo, a sedução é a maior arma para enredar o outro em suas demandas emocionais.

FERRAMENTAS PARA A CONVIVÊNCIA

Quem convive com indivíduos histriônicos precisa entender que, para atrair atenção, eles são capazes de seduzir, manipular, chantagear, dramatizar e mentir, caso necessário. Mesmo quando conseguem o que querem, não estão dispostos a retribuir com a gratidão ou atenção correspondentes. Esse jeito de ser pode acabar extenuando as pessoas ao redor.

Em nome de uma relação menos conflituosa, abstraia e deixe o sujeito pensar que tem mais plateia do que na realidade. Não adianta perder tempo batendo de frente. Quando o indivíduo com esses traços não recebe os elogios que considera merecer ou quando alguém lhe rouba a cena, ele pode ficar deprimido, aborrecido e chegar às raias da grosseria. Nessas horas, tende a fazer chantagens, recorrendo a gestos dramáticos, acusações, ameaças de suicídio ou somatizações, numa ação desesperada para voltar a ser o centro das atenções.

Como regra geral para todas as pessoas com transtornos de personalidade, tenha em mente que você não é uma vítima desse comportamento. O histriônico age da mesma forma com todo mundo. Mas proteja-se, porque, na hora da conquista, o indivíduo com esse traço leva seu objeto de desejo aos céus, para depois cortar suas asas sem dó nem piedade. Dispense também as crises de ciúmes: o histriônico joga charme por esporte e não porque deixou de gostar de você. Uma frase que circula pela internet resume bem esse jeito de ser: "Amo-te fervorosamente, portanto, deves amar-me em retribuição e desistir de tudo, por amor ao meu amor."

NARCISISTA: "SABE COM QUEM ESTÁ FALANDO?"

“Cumprimentar o porteiro nem passa pela cabeça do médico Eduardo, chefe da emergência de um dos maiores hospitais da cidade. Lógico que se um diretor da instituição estiver ao seu lado, ele não apenas dará ‘bom dia’, como comentará sobre futebol. Assim, construiu sua reputação de ‘gente boa’ e arrebatou a simpatia dos funcionários. Apesar de jovem, já tem um cargo importante e não duvida de que parte de seu sucesso está relacionada a sua aparência sempre impecável e a seu carisma. Na faculdade, seu melhor amigo – um gênio da medicina – mal penteava o cabelo para se dedicar aos estudos. Hoje, está enfurnado em alguma clínica de quinta categoria da periferia. Eduardo sabe bem pouco sobre a vida do antigo parceiro: toda vez que se encontram, fala sem parar sobre sua equipe maravilhosa, a tecnologia de que dispõe no hospital e o furor que causa entre as mulheres. E não disfarça o tédio diante das lamúrias de perdedor do cara que tantas vezes o ajudou a tirar boas notas. Ouvir não é mesmo o forte do jovem médico, a não ser que esteja liderando um grupo. Nesses casos, sabe escutar, reconhecer a melhor ideia e passar adiante como se fosse sua. Quando dá certo, o mérito é dele, que é capaz de comandar um time e extrair o melhor de cada um. Quando dá errado, não falta quem culpar. Na vida amorosa, esbanja um currículo invejável de conquistas. As ex-namoradas não pensam igual. Cansaram de ser menosprezadas e comparadas com o fantástico doutor Eduardo. Ele simplesmente acredita que elas não souberam dar o real valor à oportunidade de conviver com alguém tão especial. Lógico que tanto carisma precisa de atenção à altura. Eduardo adora ser chamado de doutor, gosta de frequentar lugares com atendimento VIP e detesta que alguém desfrute de um privilégio que considere só seu. Em situações desfavoráveis, não perde a chance de perguntar: 'Sabe com quem está falando'?"

CAÇADORES de admiração. "Espelho, espelho meu, existe alguém mais bela do que eu?" A indagação da madrasta má da Branca de Neve reflete o comportamento da pessoa com o transtorno de personalidade narcisista. Trata-se de indivíduos que, repetidamente, superestimam suas capacidades e exageram suas conquistas. Se um pouco de vaidade não faz mal a ninguém, o excesso de admiração por si mesmo pode transformar as pessoas com essa patologia em **arrogantes** e exploradoras, que creem estar acima do bem e do mal.

Pessoas com esse estilo de personalidade estão sempre almejando o topo – lugar que consideram lhes ser destinado. Querem ser os primeiros em tudo e só reconhecem qualidades em si mesmos. No senso comum, é aquele indivíduo que "se acha": o mais inteligente, o mais competente, o mais preparado. Lógico que isso não tem a ver com a realidade, mas assim funciona a mente do narcisista. Erroneamente, costuma-se associar esse traço à vaidade exagerada ou ao culto à beleza, mas a motivação desse indivíduo é outra: poder. Ele quer poder tudo simplesmente por achar que merece, já que é alguém especial. Nas relações interpessoais, vão buscar quem possa ajudá-los a brilhar ainda mais. Só não espere reconhecimento. Para o indivíduo narcisista, a recompensa é o privilégio de conviver com ele.

Uma pessoa com estilo narcisista se **vangloria** do que fez e do que imagina ter feito. Tem propensão a viver no mundo da imaginação, onde a glória, a fama e o reconhecimento fazem parte do cotidiano. Seu currículo narrado será sempre melhor do que o real: qualquer pequeno feito ganha ares de vitória épica. Na avaliação dos outros, os narcisistas pensam ser "a última bolacha do pacote". Dificilmente enxergam o constrangimento que causam a seu redor.

Pelo contrário, sentem-se muito à vontade nesta época em que o culto ao poder e às necessidades individuais atingiu níveis jamais vistos. Muitos de nós estamos expostos 24 horas por dia nas redes sociais. São várias fotos de pessoas lindas, bem-sucedidas e realizadas profissionalmente, que disputam cliques exibindo seus feitos, *selfies*, suas postagens de belas paisagens, pratos deliciosos e roupas de grife.

Aparentemente, não há nada errado em ter autoconfiança e boa autoestima, dois elementos que, quando equilibrados, trazem sociabilidade e segurança. O problema é que pessoas com traços de egocentrismo e grandiosidade levam essas características ao extremo e acreditam que suas contribuições são muito mais valiosas do que na realidade. Para elas, é quase um favor deixar que alguém conviva de perto. Exigem muito, retribuem pouco ou nada e não têm o menor escrúpulo de fazê-lo trabalhar ou dedicar-se inteiramente às suas necessidades, sem dar importância ao impacto que isso pode ter na vida do outro.

No cinema, é fácil identificar traços do estilo narcisista no Homem de Ferro. Em *Os vingadores*, ele faz parte de uma legião de super-heróis, mas acredita ser mais herói do que os outros. Como precisa agir em equipe, é obrigado a delegar funções, contudo, quando as coisas dão errado, bota a culpa nos companheiros. Naturalmente, as conquistas são fruto de sua inteligência, de seu esforço e de sua capacidade de planejamento, mas não do trabalho em grupo.

Sem o uniforme, ele é o milionário Tony Stark, gênio da eletrônica que ostenta carros e mansões e se vangloria dos mínimos gestos. Numa cena memorável, ele discute com o Capitão América, que, por não suportar mais seu jeito arrogante, pergunta ao Homem de Ferro quem ele é por trás da armadura. A resposta poderia servir de epíteto para o estilo narcisista: "Gênio, bilionário, playboy, filantropo?", responde Stark, jogando na cara do companheiro as qualidades que acredita possuir.

Na vida real, esse tipo de resposta – e de comportamento, é claro – acaba com a autoestima alheia. Para se enaltecer, o narcisista não faz a menor cerimônia em apontar os defeitos dos outros. Como diz Caetano Veloso na canção "Sampa", "Narciso acha feio o que não é espelho". Ou seja, pessoas com traços de personalidade narcisista não conseguem enxergar virtudes para além do próprio nariz. Não apenas são **invejosas**, como também acreditam ser alvo de inveja. Para se sentir no topo, precisam desqualificar, permanentemente, quem as rodeia.

"Ganhei uma promoção no trabalho e me esforcei muito para isso. Toda feliz, contei para minha irmã. Em tom de desprezo, ela respondeu que o dinheiro tinha que valer muito a pena para compensar as horas que eu precisaria trabalhar", conta uma paciente.

Se fosse escolher um bordão, o narcisista provavelmente diria: "Eu sou o número um, o número dois, o número três, o número quatro." Talvez o número cinco seja a mãe, o filho ou alguém que considere um prolongamento seu. Pessoas com baixa autoestima costumam ficar fascinadas pelos narcisistas e são alvos fáceis para a conquista e posterior descarte. Não é à toa que encontramos vários grupos de "vítimas de narcisistas": indivíduos que buscam algum apoio e alguma compaixão para essa necessidade quase patológica de conviver com figuras tão **egocêntricas**.

"Em algum momento, compreendi que ela sempre me culpava pelos erros, sem ter qualquer prova do equívoco que eu cometera. Mas isso era tão comum, que minha autoestima foi ao chão. Eu me achava incapaz e incompetente e acreditava que ela não me demitia por generosidade. Custei a perceber o jogo, que teve um efeito devastador na minha vida", conta um profissional liberal ao descrever, numa rede social, a relação com uma chefe que acabou levando-o a pedir demissão do emprego.

O depoimento indica de forma clara como age uma pessoa com estilo narcisista num grupo qualquer – amigos, colegas de trabalho, parentes, parceiros de futebol... O doutor Eduardo, da história que inicia este livro, é exatamente assim: trata muito bem quem pode lhe ajudar. Os subordinados leais a suas propostas, também chamados de bajuladores, terão seu apoio, já que ele precisa se sentir adorado e indispensável. Seja como for, o narcisista mantém um grupo de influência graças a seu inegável **carisma**. Mas não espere afeto desinteressado. Ele terá interesse pelas pessoas de quem possa extrair algo, até encontrar quem se demonstre mais útil em sua jornada rumo ao topo.

Empatia é uma palavra que não existe no dicionário desses indivíduos. Extremamente egoístas, custam a perceber (se é que percebem) as emoções e os sentimentos alheios. São capazes de "alugar" um amigo por horas para contar, com detalhes, uma situação que lhes aflige, mas jamais retribuem com atenção e carinho. São desdenhosos e impacientes com os outros, principalmente quando instados a ouvir problemas e preocupações que não lhes dizem respeito. As necessidades do outro pouco importam e são encaradas como incômodas ou sinais de fraqueza e vulnerabilidade.

"Não sei por que minha namorada reclama tanto. Quando falamos por chamada de vídeo, gosto de ficar olhando para a minha imagem na tela do computador e raramente olho para ela. Mas sei o que está falando", relata um jovem, no consultório. Naturalmente, o que ela está falando tem muito menos importância do que o que ele tem para contar.

É assim que age um indivíduo com traços de egocentrismo. Ele tem as melhores oportunidades de trabalho, faz as viagens mais legais e conhece as pessoas mais incríveis. Como está sempre em busca da admiração alheia, seu repertório de histórias é de tirar o fôlego. "Dizem que sou arrogante e imodesto, mas não tenho culpa de estar sempre no lugar certo, na hora certa. As pessoas que me são fiéis se dão bem", comenta um empresário de 49 anos, diagnosticado com esse transtorno.

Um ponto importante: é preciso tomar cuidado para não confundir uma pessoa vaidosa (ainda que de forma exagerada) com um narcisista. Não é uma tarefa simples. Um indivíduo com este traço é como o protagonista do magistral *O retrato de Dorian Gray*, de Oscar Wilde: alguém que, de tão apaixonado pela própria imagem, é capaz de vender a alma ao diabo para não perder o frescor da juventude – bem mais encantadora, naturalmente, do que as marcas visíveis da passagem do tempo.

Recordar o mito de Narciso também nos ajuda a entender um pouco mais sobre este tipo. Narciso era um herói que se apaixonou pela própria beleza. Por se considerar especial, comparava-se aos deuses do Olimpo. No idioma grego, a palavra "narcisista" tem a mesma origem de "entorpecido". Por isso, para os antigos, o narcisista é o símbolo da vaidade e da insensibilidade, pois é tão autocentrado que parece entorpecido às necessidades do outro.

Um aspecto importante a considerar é a fragilidade de sua autoestima. Apesar da fachada luminosa, os sujeitos que têm esse traço são extremamente sensíveis em relação a críticas e derrotas. Embora raramente evidenciem essa fraqueza, as críticas ou os fracassos podem assustá-los, deixando rastros de humilhação, degradação e vazio. Em razão disso, são capazes de se retrair socialmente quando não são bem-sucedidos e aparentar certa humildade, apenas para mascarar e proteger a grandiosidade que atribuem a si mesmos.

Nesses casos, o desempenho no trabalho ou a interação social acabam deficientes. O indivíduo, então, pode demonstrar falta de disposição para se arriscar em situações competitivas ou em qualquer atividade em que haja possibilidade de derrota. Por tabela, encara com má vontade o sucesso e as conquistas alheias, sentindo que os vencedores não merecem tais feitos.

No ambiente corporativo, o sujeito com essa faceta tem tudo para fazer sucesso. É carreirista e pode passar por cima do que e de quem for preciso para chegar ao topo. Marqueteiro por natureza, ninguém vende tão bem o próprio peixe quanto ele. Na hora de apresentar um projeto, impressiona por fazer os outros acreditarem que aquela é "a" ideia e que só ele é capaz de realizá-la. Em contrapartida, pode desvalorizar grosseiramente as contribuições dos demais, sobretudo quando as pessoas recebem reconhecimento ou elogios pelo que realizaram.

Numa cena memorável do filme *O diabo veste Prada*, a editora de moda Miranda Priestly, interpretada por Meryl Streep, entrevista Andrea Sachs, personagem de Anne Hathaway, para uma vaga de assistente. A moça admite que não conhece a revista dirigida por Miranda e que nunca tinha ouvido falar dela. A editora, sem tirar os olhos de um jornal, simplesmente responde: "E você não tem estilo ou noção de moda." Ao longo do filme, ela reforça, diariamente, quem está no comando. Obriga Andrea a executar tarefas humilhantes, repete que ela é incapaz de dar conta do trabalho e se diverte com as piadinhas que os outros assistentes fazem sobre a nova funcionária. Sua vaidade pessoal está acima dos sentimentos de qualquer pessoa.

No filme, é possível enxergar outra característica do narcisista: ele não tem problemas em delegar tarefas. Quando dá certo, recebe as palmas, o que acaba causando constrangimentos e atraindo antipatias. Quando as coisas não funcionam, ele procura um culpado. Uma jovem que acaba de concluir o doutorado narra as desventuras que passou com seu orientador, sempre insatisfeito com o trabalho que ela apresentava. "Ele rasgou o meu texto, dizendo que eu seria apenas mais uma no mercado. Chorei, fiz terapia e consegui acabar minha tese. Ganhei um prêmio e, na cerimônia, ele fez questão de dizer que era meu orientador e que tinha sido decisivo naquela conquista", lembra a agora doutora.

Em relação à vida amorosa do narcisista, a atriz Shelley Winters foi direto ao ponto numa entrevista concedida há alguns anos: "Tínhamos tanto em comum: eu o amava e ele se amava." A frase, reproduzida à exaustão, encontra eco no comentário de um homem de 47 anos, identificado com esse traço: "Nada me fará ter envolvimento com você: nem dinheiro, nem vínculos e muito menos súplicas ou lamentos. Só vejo as pessoas com desprezo e enfado. Você será menos que nada para mim e correrá o risco de se transformar em nada para você mesma."

Num relacionamento amoroso, esse tipo de comportamento pode ser trágico e causar muito sofrimento. Quem ama um indivíduo egocêntrico precisa, acima de tudo, entender que ele estará sempre em primeiro lugar. Um poema postado no blog de uma comunidade intitulada "Sou narcisita, e daí?" diz:

Da minha vida
eu falo muito
mas quando querem conversar comigo
eu nem escuto.

DIAGNÓSTICO

Essa patologia é mais comum entre os homens. Os traços de personalidade podem piorar com a idade, e o profissional precisa tomar cuidado para não confundir as facetas do narcisista com episódios de mania ou hipomania (alteração de humor fora do convencional).

A Associação Americana de Psiquiatria indica oito características que devem ser levadas em conta para o diagnóstico:

- Sensação grandiosa quanto à própria importância;
- Fantasias de sucesso ilimitado, na vida profissional e na amorosa;
- Crença de ser alguém único e especial;
- Demanda excessiva por atenção;
- Certeza de possuir direitos exclusivos;
- Carência de empatia;
- Tendência a ser explorador nas relações interpessoais;
- Comportamento arrogante e insolente;
- Propensão a ter inveja e se sentir alvo de inveja. ●

DIFICULDADES NA CONVIVÊNCIA

Na mente da pessoa com o transtorno de personalidade narcisista, não faltam ferramentas para tornar miserável a existência do outro. Arrogante, abusador, desdenhoso e dominador, o indivíduo com essa natureza é egocêntrico e frio diante do sofrimento alheio.

Seu sentimento de grandiosidade é fora do convencional, e ele fica irritado com qualquer situação em que não receba o destaque que julga lhe ser de direito. Além de tudo, é invejoso: está sempre de olho grande nos pertences e nas conquistas das outras pessoas, e não acredita que elas sejam merecedoras.

FERRAMENTAS PARA A CONVIVÊNCIA

Quem convive com um narcisista deve manter o pé firme na realidade e entender que o indivíduo com esse estilo não escolhe um ou outro para demonstrar seus traços patológicos de personalidade. Ele não reconhece suas dificuldades, por isso fica indignado quando alguém sugere qualquer tratamento. Além disso, mesmo se reconhecesse a necessidade de se tratar, não haveria ninguém à altura para desempenhar esse papel.

Porém, há meios de tornar a convivência mais fácil. O primeiro passo é mostrar-se um bom ouvinte: a pessoa com essa natureza adora contar suas histórias e seus feitos. Em relacionamentos amorosos, saiba que só há espaço para ela. Não espere dedicação nem reconhecimento. Portanto, faça exercícios diários para fortalecer sua autoestima e proteja-se contra as desqualificações, diretas ou indiretas, que não serão poucas.

Procure não rejeitá-la ou criticá-la, pois reagirá desqualificando você em progressão geométrica. E não baixe a guarda, assumindo o papel de frágil ou de vítima.

Se for seu chefe, a situação pode evoluir para abusos, exploração e desqualificação extremas, configurando assédio moral no trabalho. Portanto, tente ser gentil e prefira a invisibilidade. Os protegidos de um chefe narcisista também podem se prejudicar, porque correm o risco de serem usados e descartados.

O ideal é tratá-lo como um personagem que aparenta força, mas que esconde enorme fragilidade. Não tenha expectativas de valorização ou reconhecimento. Se for necessário fazer críticas, seja preciso e "pegue leve". Partir para o confronto não leva a nada. Por fim, uma dica: precisa convencer uma pessoa com traços narcisistas a ajudar em alguma tarefa? Mostre que o resultado será bom para ela. Assim você conquistará um forte aliado.

GRUPO C

Sofremos muito com o pouco que nos falta e
gozamos pouco o muito que temos.

WILLIAM SHAKESPEARE

DEPENDENTE: “POR VOCÊ EU LARGO TUDO.”

"Solidão a dois de dia
Faz calor, depois faz frio
Você diz 'já foi' e eu concordo contigo...

A voz distante no rádio chama a atenção de Sônia, enfermeira de um dos maiores hospitais da cidade. 'Antes mal acompanhada do que só', pensa com seus botões, subvertendo a lógica do ditado popular. Evidente que ela não tem essa impressão, mas seus poucos amigos vivem comentando que está sempre com a companhia errada. Não valoriza o próprio passe e se torna presa fácil para dominadores. Mas a enfermeira gosta da ideia de ter alguém tomando conta dela, cuidando de sua vida, assumindo suas responsabilidades. Acredita estar rodeada de pessoas fortes e competentes, que suprem sua incapacidade de agir por conta própria. Capacidade para tentar a medicina não lhe faltava, mas a simples possibilidade de ter que decidir o tratamento de um paciente lhe dava pesadelos. Acabou descobrindo a enfermagem. Os colegas admiram seu talento, mas ela prefere se limitar a cumprir ordens. Sempre foi assim. Na adolescência, não entendia a rebeldia dos colegas e achava muito mais fácil ter alguém para dizer que caminho seguir – mesmo quando não lhe parecia a melhor alternativa. Ainda mora com os pais e não sai de casa sem indagar se 'está bonita', repetindo a pergunta que fazia aos 15, aos 24, aos 35 anos... Escolher um vestido ou sapato é um drama. Desespera as vendedoras. No campo amoroso, o histórico de abandonos e humilhações reforça o medo de ser largada à própria sorte. Cada pessoa que lhe sorri ganha imediatamente sua confiança. Tem a maior facilidade para se apegar, 'grudar'. Foi assim com o doutor Eduardo, o novo chefe da emergência. Até agora Sônia não acredita que uma pessoa tão importante e bem-sucedida possa ter tempo para ela. Tempo curto, aliás. Casado e com vida amorosa intensa, o médico só aparece para encontros furtivos. Duas ou três vezes, Sônia forçou a barra para conseguir mais atenção. Contudo, por se sentir tão sem atrativos, recuou, pois um 'não' de Eduardo seria extremamente penoso."

SIMBIOSE. À luz da biologia, trata-se de uma relação mutuamente vantajosa entre organismos vivos. Na esfera do comportamento humano, essa palavra é perfeita para definir o que se passa na mente do indivíduo com transtorno de personalidade dependente. Seja nas relações familiares, no trabalho ou com amigos, o indivíduo com esse traço precisa do outro para florescer. A seiva de sua vida não está em si próprio, mas em alguém que se torna o ar que ele respira, o brilho de seus olhos, a razão de sua existência. Se pudesse, ele estaria gravado na pele de seu objeto de interesse. Na música "Tatuagem" Chico Buarque canta:

Quero ficar no teu corpo
feito tatuagem

Pessoas com diagnóstico de transtorno de personalidade dependente têm "uma necessidade difusa e excessiva de serem cuidadas, o que leva a um comportamento de submissão e apego que surge no início da vida adulta". O medo – irreal – de ser abandonada e de não conseguir sobreviver sozinha leva essa gente a dar tudo de si para ter alguém ao lado. Elas serão mansas, dóceis e amáveis, como bichinhos de estimação. E seus "donos" serão qualificados como fortes, competentes e úteis, enfim, indivíduos capazes não apenas de tomar conta de si como de cuidar do outro.

A expressão do estilo dependente pode ser encontrada em Felícia, personagem dos *Tiny Toons*. A garotinha gosta tanto de animais que os sufoca com seu amor excessivo. "Eu vou te amar, abraçar, apertar, até você ficar em pedacinhos", repete a personagem. Na vida real, esse "comportamento chiclete" pode causar uma situação de asfixia emocional no outro.

Carente e inseguro, o indivíduo com essa faceta dedicará todo seu tempo e sua energia a quem considerar importante em sua vida. Embora esse traço pareça fortemente associado às relações amorosas, o sujeito pode ser **submisso** em todos os aspectos da vida. Antes de tomar qualquer decisão, recorre a conselhos e aprovações, correndo o risco de extenuar mentalmente quem está ao seu lado. Isso vale para escolher um vestido, comprar um carro ou decidir que profissão seguir. Como carece de apoio incondicional, tende a suportar humilhações e até a se envolver em situações de abuso físico, psicológico e sexual. É o caso da enfermeira Sônia: insegura e dependente, não consegue tomar decisões e se submete às humilhações perpetradas pelo médico Eduardo.

Publicado em um jornal, o depoimento de uma jovem dá pistas sobre a incapacidade de impor limites, característica do indivíduo com essa natureza. Após uma briga, o namorado da moça insistiu em manter relações sexuais e, apesar das negativas, acabou conseguindo seu intento. Ela não foi capaz de conceituar o fato como estupro e não terminou o relacionamento. Ao refletir sobre a situação, deu-se conta de que o comportamento do parceiro lhe causava um constante mal-estar: ele bebia demais, contava a qualquer um que adorava a vagina da namorada e parecia atormentado por fantasmas mentais que sugavam a energia das pessoas a seu redor. "Nada disso me incomodava. Tenho uma alta tolerância para estranheza. Ele estava sob a minha pele. Era inebriante me sentir como uma pitada de sal dissolvida em seus negros mares turbulentos", descreveu a moça em seu relato.

A tendência à **humilhação** não é exclusiva da esfera amorosa. No ambiente de trabalho, quantas vezes não nos deparamos com pessoas que aceitam qualquer tipo de tarefa e situação apenas para manter o emprego – mesmo quando não se trata somente de uma questão financeira? São funcionários que trabalham além do horário, fazem serviços que não são sua responsabilidade e sempre encontram desculpas para justificar as atitudes do chefe. O fato é que dificilmente manifestam seu desagrado porque se sentem incapazes e temem perder a aprovação do outro. Amélias e Amélios, que, assim como na canção de Mário Lago e Ataulfo Alves, podem chegar ao extremo de passar fome e achar bonito não ter o que comer.

"O mercado é muito competitivo. Se eu sair daqui, não sei se consigo outra coisa. Meu chefe é muito generoso em me manter. Por isso, faço tudo que ele me pede", relata a funcionária de uma multinacional que, apesar de falar três idiomas e ter mestrado, não se considera capaz de arrumar outro emprego e chega a perder suas horas de lazer com as tarefas escolares dos filhos do chefe. Na história do início deste livro, a enfermeira Sônia representa o indivíduo com essa perturbação. Apesar de seu currículo impecável, ela não se sente segura profissionalmente e acredita que só permanece no emprego graças ao caso que tem com o chefe. Quem apresenta o estilo dependente costuma assumir o papel de inferior e coitado, como é o caso da enfermeira.

Uma pessoa com esse transtorno dificilmente inicia projetos e se torna empreendedora: ela não confia em sua capacidade de avaliação nem em suas competências. Portanto, no ambiente de trabalho, não costuma ir muito longe, em especial se estiver num cargo que exija proatividade. O dependente evita funções de responsabilidade e não disfarça a ansiedade quando precisa tomar decisões. Na hora de manifestar uma opinião, é sempre o último.

A chamada geração canguru – filhos que mesmo já adultos preferem a comodidade de morar com os pais – tem muito desse estilo. São indivíduos que, em vez de andar com as próprias pernas, recusam-se a sair do ninho. "Quando chego em casa cansado, minha mãe me dá colo, carinho e um jantar gostoso e quentinho. Vou me mudar pra quê?", conta um rapaz de 34 anos. "Ter as meninas em casa é uma bênção. Sem elas, nossa vida seria um vazio", afirma a mãe de duas "meninas" de 31 e 29 anos.

Muitas das "síndromes" que rendem manchetes de jornais e páginas de livros de autoajuda fazem referência a características do sujeito dependente. O medo de ser abandonado, os pensamentos infantis e a necessidade de ter alguém que cuide de si são comportamentos que facilmente se relacionam à chamada "síndrome de Peter Pan". Já a idealização do parceiro ou da parceira corresponde, em parte, à "síndrome de Cinderela", ou seja, a necessidade de encontrar um príncipe ou uma princesa para compartilhar a vida.

No filme *O diário de Bridget Jones* – baseado no livro homônimo –, a protagonista encarna à perfeição esse papel. Não gosta do que vê no espelho e está sempre às voltas com homens desprezíveis. Quando o chefe bonitão se interessa por ela, Bridget simplesmente não acredita – até se envolver com ele e descobrir que se trata, na verdade, de um cafajeste. Numa comédia, a situação rende boas piadas. Há uma verdadeira torcida para que Bridget Jones conquiste seu príncipe. Na vida real, porém, tanto a imaturidade quanto a fantasia do par perfeito podem levar o indivíduo com esse traço a se tornar vítima de abusos.

É o que acontece, por exemplo, quando o dependente se depara com pessoas de facetas acentuadas de manipulação, grandiosidade e desonestidade, como sujeitos narcisistas e antissociais. A canção "Você vai me seguir", de Chico Buarque, retrata bem o que pode acontecer:

Você vai me seguir aonde quer que eu vá
Você vai me servir, você vai se curvar
Você vai resistir, mas vai se acostumar

E por aí seguem os versos, listando ações como possuir, infernizar, cegar e apunhalar. Ou seja, mesmo sofrendo todo tipo de humilhação, o dependente sorri, se enfeita e nina o seu algoz.

Ele precisa se sentir cuidado e acolhido, mas por mais ternura e atenção que receba, nunca lhe parece ser suficiente. Está sempre fazendo coisas para ganhar cada vez mais afeto, sem perceber que, aos olhos do outro, sua carência é sufocante. "Cada pequeno pedaço de mim deseja cada mínimo detalhe seu", explica, no consultório, uma moça de 28 anos. "Se isso não é um vício, é uma doença", relata um paciente, demonstrando necessidade quase patológica de estar ligado a alguém.

Não é difícil imaginar como fica o outro quando se relaciona com alguém que sofre desse transtorno. Numa rede social, uma garota de 20 e poucos anos, posta um pedido de ajuda após mais uma briga com o namorado: "Ele diz que sou a pessoa mais pessimista que já conheceu. Que só de estar perto de mim, sente que eu sugo suas energias, que sou muito deprimente e dependente. Ele diz que me acha inteligente e que gosta de mim, mas que o namoro o está fazendo sofrer demais, ultrapassou todos os limites. Estou desesperada, minha vida sem ele não tem sentido. É a única coisa boa que eu tenho."

Nesse jogo, o dependente deixa claro seu sentimento de **inferioridade** em relação ao outro e considera um privilégio poder receber alguma atenção, ainda que se ache tão desprovido de qualidades. Por isso, quer retribuir de todas as formas possíveis. Sua autoestima oscila de acordo com a recompensa que consegue. Para o narcisista, por exemplo, conviver com alguém de estilo dependente é a glória. Afinal de contas, o parceiro irá elogiá-lo, exaltar suas qualidades e, naturalmente, fingir que não percebe seus visíveis exageros. Os dependentes, por sua vez, sofrem com as constantes desqualificações proferidas pelo companheiro.

Além disso, quando algo dá errado, assumem a culpa. É preciso mover montanhas para eles deixarem de lado uma relação serviçal: humilhações morais, abusos físicos, psicológicos, sexuais, isolamento social ou prejuízos financeiros podem não bastar para convencê-los. Parece surreal que, em pleno século XXI, com toda a informação e liberdade de que a humanidade desfruta, pessoas ainda se deixem enganar por falsas promessas de amor.

O fenômeno dos *scammers* está aí para comprovar essa ideia. Trata-se de homens e mulheres que, para dar golpes, criam perfis falsos em redes sociais, nos quais se apresentam como profissionais bem-sucedidos, com boa condição financeira, gosto refinado e aparência impecável. Lançam a isca de que estão procurando companhia e, sem muita pressa, conquistam corações solitários no mundo virtual. Uma viúva conta que perdeu 100 mil dólares para um *scammer* com quem iniciou um romance virtual. Ele se fez passar por inglês e terminou a história assumindo ser nigeriano. Para convencê-la, o homem alegou que tinha sido preso. Ou seja, precisava de ajuda urgente.

"Quero que você saiba que eu nunca me senti tão à vontade com alguém assim por tanto tempo. Sempre que eu falo com você, posso sentir sua sinceridade, posso sentir que há algo de mágico entre nós dois", afirmou um *scammer* numa troca de e-mails com uma profissional liberal, que acabou levando sua história à polícia. Na mensagem seguinte, o golpe: ele queria vir ao Brasil e pedia um empréstimo de mil e quinhentos dólares para a compra das passagens. A mulher fez o depósito e nunca mais teve notícias do sujeito. "Fiquei arrasada. Mas, na minha vida, sempre foi assim. Por mais que eu me esforce, os homens desaparecem", desabafou ela num fórum de "caça-*scammers*", assumindo a culpa por ter sido vítima do golpista.

Nesse depoimento, ela toca num ponto importante: o indivíduo com essa natureza sente-se reiteradamente desamparado. Como acredita que não sabe cuidar de si mesmo, "cola" em qualquer um para evitar a solidão e o medo de ser abandonado à própria sorte. Quando o outro não aguenta e vai embora, o dependente sai à procura de uma nova "bengala". Apega-se facilmente, mas o desapego é sempre muito sofrido.

DIAGNÓSTICO

Para o diagnóstico do transtorno de personalidade dependente, a Associação Americana de Psiquiatria relaciona oito fatores: »

- Dificuldade para tomar decisões cotidianas sem um aconselhamento excessivo;
- Terceirização da responsabilidade sobre as principais áreas de sua vida a outras pessoas;
- Raras manifestações de desacordo, para não perder apoio ou aprovação;
- Falta de iniciativa para começar novos projetos ou fazer coisas por conta própria;
- Ida a extremos para obter carinho e amparo;
- Sentimento de desconforto quando sozinho, por se acreditar incapaz de cuidar de si mesmo;
- Medo irreal de ser abandonado à própria sorte;
- Busca urgente de outra relação como fonte de cuidado após o término de um relacionamento íntimo. ●

O transtorno de personalidade dependente é diagnosticado predominantemente entre as mulheres, mas deve ser estabelecido com cuidado, porque em algumas faixas etárias, grupos sociais e culturas valoriza-se o comportamento passivo. Também é preciso distingui-lo de outros transtornos, como a depressão, a agorafobia (medo de multidões) e a síndrome do pânico. Muitos indivíduos exibem traços dependentes, mas só devem ser considerados sintomáticos do transtorno de personalidade quando essas características forem inflexíveis e persistentes, capazes de causar prejuízo ou sofrimento ao sujeito ou às pessoas a seu redor.

DIFICULDADES NA CONVIVÊNCIA

Ao contrário de outros transtornos de personalidade, em que os indivíduos parecem bombas-relógio prestes a explodir, o dependente tem um estilo mais introspectivo, embora igualmente danoso. Carente, dependente e inseguro, ele se torna asfixiante para quem vive a seu lado. O medo excessivo de ser abandonado faz com que sempre se anule perante o outro, e essa passividade pode ser constrangedora. O pessimismo arraigado também o leva a se considerar vítima o tempo todo.

FERRAMENTAS PARA A CONVIVÊNCIA

Manter uma relação saudável com um indivíduo dependente implica jamais se aproveitar de seu comportamento submisso. Pessoas com fortes características de dependência e submissão tendem a sofrer abusos, tornando-se potenciais vítimas de quem apresenta traços de manipulação, desonestidade, grandiosidade e hostilidade.

Uma coisa é aceitar seu estilo de personalidade e entender que ele fica feliz com a felicidade do parceiro. Outra coisa é tirar vantagem disso. Aprenda, também, a valorizar a atenção que ele lhe dispensa, mesmo que, aparentemente, não esteja ligando para sua reação.

Por insegurança, os dependentes esperam que o outro adivinhe essa necessidade de reconhecimento e de se sentir querido. Fortalecer sua autoestima e independência são outros cuidados importantes para pessoas com essa natureza.

De maneira poética, a canção "Teresinha", de Chico Buarque, pode nos remeter à relação com um dependente. A personagem se envolve com três homens. O primeiro, feito um príncipe, chega com flores e bichos de pelúcia, mas não consegue lhe transmitir a segurança necessária. O segundo parceiro é abusivo e humilha Teresinha, a quem chama de "perdida". O terceiro, por fim, aparece sem grandes expectativas ou constrangimentos:

Mal sei como ele se chama
mas entendo o que ele quer
se deitou na minha cama
e me chama de mulher.

EVITATIVO: “NA MOITA.”

"No lugar da tradicional foto, o perfil de Fernanda nas redes sociais tem uma ilustração. Olhos arregalados atrás de um vaso de plantas. É assim que ela gosta de estar no mundo: observando, sem ser observada. Se pudesse, compraria a capa da invisibilidade de Harry Potter e sairia por aí, livre de críticas e da possibilidade de ser rejeitada. Na família, sente-se o 'patinho feio' diante da instabilidade emocional da irmã, da exuberância da mãe e do perfeccionismo do pai. Fica mais à vontade entre livros e computadores. Nunca publicou uma foto na internet, mas seus pensamentos e poemas são compartilhados com as dezenas de pessoas que leem sua página. Trata-se de escritos anônimos. Ela é capaz de passar dias sem sair de casa, ainda mais depois que começou a trabalhar como tradutora. Recebe os textos por e-mail e devolve da mesma forma. Na única vez em que ficou frente a frente com o chefe, ficou tremendo e com falta de ar. Mal abriu a boca. Recebeu um elogio – que ouviu com certa desconfiança – e deixou o escritório com a sensação de ter sido rejeitada por causa de sua tremedeira e de seus gestos contidos. Quando precisa conversar com um desconhecido, faltam-lhe palavras. Mede letra por letra e fica desesperada em busca de indícios de que está agradando ao interlocutor. Em geral, sente que não deu certo. A timidez se manifestou ainda na adolescência, mas a família apostou que tudo passaria na fase adulta. Ela fez poucos amigos no colégio e na faculdade. Apesar de bonita, inteligente e culta, conta nos dedos das mãos o número de rapazes com quem conversou em 27 anos de vida. Acabou arrumando um namorado, sua ponte com o mundo exterior. Ao lado dele, já se sente quase segura, após quatro anos de relacionamento. Mesmo assim, evita programas em público. Uma vez, num restaurante, teve um ataque de tremedeira e ficou sem ar quando encontrou uma antiga professora do colégio. Tanto o namorado quanto os pais reconhecem seu talento literário, mas ela suspeita de que eles só falem isso para melhorar sua autoestima. Já recebeu proposta para publicar um livro, que foi prontamente recusada: bastou pensar na noite de autógrafos para Fernanda dizer não, pois prefere 'viver na moita'."

ESQUIVO. "É nobre ser tímido, ilustre não saber agir, grande não ter jeito para viver." Os versos de Fernando Pessoa, do *Livro do desassossego*, traduzem em poesia o transtorno de personalidade evitativo, com seu padrão difuso de inibição social, sentimentos de inadequação e hipersensibilidade a avaliações negativas. São indivíduos como a Fernanda da história que abre este livro: tímidos, quietos, inseguros, com baixa autoestima e que se sentem **socialmente incapazes**. Preferem o conhecido e a rotina de um cotidiano tranquilo. "Cada vez me escondo mais, com vergonha de ser quem eu sou", comenta um paciente de 30 anos.

A vergonha pode ter um efeito paralisante na vida das pessoas com esse traço, pois eles são exageradamente preocupados com críticas ou com a possibilidade de serem rejeitados. Estabelecer intimidade depende da certeza da aceitação sem filtros. Pense no Cyrano de Bergerac, de Edmond Rostand. Apaixonado por Roxane, ele ajuda um rapaz a conquistá-la, usando seu dom para escrever poemas e frases espirituosas. Ou seja, por temer a **rejeição**, já que se considera feio, Cyrano prefere se esconder atrás de outra pessoa. "A alma que ama e não ousa revelar esse sentimento se esconde envergonhada na razão. O brilho de um astro no céu me atrai, meço sua altura, comparo com minha mediocridade e, por medo do ridículo, me abaixo e pego uma florzinha", diz o personagem.

Cabe lembrar que, durante muitos séculos, a timidez foi considerada uma qualidade. Em tempos de repressão, de regras rígidas e de recato, não se expor era a norma. O século XIX, com seus poetas apaixonados por musas inatingíveis e suas esposas dedicadas ao lar e à família – sem botar o pé na rua –, poderia ser considerado a era de ouro para o estilo evitativo. Não fica difícil imaginar como esses indivíduos sofrem em nossos dias, em que a superexposição virou regra. Todos sabem o que está acontecendo com o outro o tempo todo. Basta querer. "Não consigo nem pensar em postar uma foto minha. Todo mundo olhando, criticando. Não suportaria", afirma um jovem que se autorrepresenta nas redes sociais como um boneco com rosto de quebra-cabeça.

O **medo** do ridículo, da rejeição e da avaliação alheia marcam a vida dos indivíduos desse tipo, principalmente na área profissional. No ambiente corporativo, não raras vezes observamos pessoas que são brilhantes em suas atividades, mas que parecem "travar" quando instadas a apresentar seu trabalho aos colegas. Chegam a exibir sintomas físicos desse temor: ficam ruborizadas, suam frio e perdem a voz. Tudo diante da hipotética possibilidade de passar vergonha. "Tenho medo de ser promovido. Imagine participar de reuniões com superiores ou dar ordens para subalternos. Prefiro ficar quieto no meu canto", desabafa um paciente numa rede social.

Do outro lado do balcão, chefes e subalternos também sentem dificuldade em lidar com pessoas com estilo evitativo. Elas não fazem marketing pessoal, relutam em aceitar novidades e são pouco afeitas a trabalhar em grupo. Mas de nada adianta tentar convencê-las a mudar de comportamento. Como todo indivíduo com transtorno de personalidade, elas também não têm facilidade para reconhecer seus problemas e podem ficar ainda mais recolhidas. "Meu supervisor me deu uma bronca. Disse que preciso me soltar mais, ser mais comunicativo. Ele é aquele tipo bobalhão, que faz piadas sem graça e fala com todo mundo. Entendi o recado: não seja tímido, fique rico", conta um analista de sistemas, diagnosticado com esse traço.

O mundo virtual – e a possibilidade que oferece de se expor sem aparecer – pode representar um oásis de tranquilidade para as pessoas desse estilo. Nas redes, eles revelam seus problemas e suas fantasias, descrevem seu comportamento e buscam semelhantes. Lógico que, em vez de fotos, identificam-se por desenhos e ilustrações: na maioria dos casos, não há rosto. Essa suposta muralha invisível permite ousadias, como marcar encontros ou criar grupos apenas para quem quer achar a alma gêmea e não tem coragem de ir à luta no mundo real. "Tento ter um relacionamento, mas não consigo. As pessoas falam para relaxar, deixar acontecer. Como se brotasse do chão. Engraçado que quem comenta isso está com alguém. Irônico, não?", sugere um dos mais ativos participantes de um grupo virtual de paquera, supostamente destinado apenas a quem tem esse traço.

O comentário deixa claro que pessoas com estilo evitativo gostariam muito de ter relacionamentos. O problema é que, como se criticam e se rejeitam de forma severa, projetam no outro esse sentimento de **exclusão**. Antes mesmo de tentar, acreditam que não dará certo. Então, estão sempre em busca de ambientes onde se sintam mais à vontade e seguras. Basicamente, num único círculo social: a família. Fazer amigos exige enfrentar os próprios medos, coisa que esses indivíduos nem ousam tentar. "Vocês conseguem deixar as pessoas se aproximarem? Quando alguém tenta conversar comigo e percebo que quer mesmo me conhecer, instintivamente me afasto ou fico fria. Tenho medo que me critiquem, me julguem ou me rejeitem quando descobrirem a minha vida vazia", explica uma jovem identificada com esse transtorno. De fato, sua conduta temerosa e tensa pode provocar o ridículo e o deboche por parte dos outros. Essa reação acaba confirmando seu sentimento de inadequação.

"Se não fosse tímido, teria tido uma vida melhor", admitiu, numa entrevista, o cineasta Woody Allen, que, em seus filmes, traduziu muitas das características de indivíduos com traços evitativos. Seus personagens sofrem por amor, já que não conseguem vencer o medo de sofrerem rejeição. Preocupam-se excessivamente com a opinião alheia, a ponto de paralisarem suas ações quando criticados. Muitas vezes o diretor escala outro ator para interpretá-lo – quase sempre um galã. Pense no mágico de *Scoop – O grande furo*, no jornalista esportivo de *Poderosa Afrodite* ou no advogado de *Contos de Nova York*. Todos vivem às voltas com relacionamentos platônicos, relações familiares aparentemente inabaláveis e carreiras que não deslancham. "Só há um tipo de amor que dura: o não correspondido", disse o cineasta, numa de suas célebres tiradas.

Enfrentar o universo das relações amorosas é, em geral, um grande desafio para os indivíduos com esse traço. Eles desejam aceitação e afeição e podem fantasiar relacionamentos idealizados. Em família, mal ou bem, há alguma tranquilidade. Quando se sente protegido, o sujeito desse tipo consegue deixar fluir sua criatividade. Poetas, escritores, músicos... O mundo das artes está repleto de personalidades que, de uma forma ou de outra, retrataram em sua obra alguma característica do tipo. Chico Buarque, por exemplo, criou a "Carolina", para quem o tempo passou na janela e só ela não viu.

"A arte é um esquivar-se a agir, ou a viver. O que não temos, ou não ousamos, ou não conseguimos, podemos possuí-lo em sonho, e é com esse sonho que fazemos arte", afirmou Fernando Pessoa também no *Livro do desassossego*. Expressar-se pela arte é um dos caminhos que muitos acabam escolhendo. Em versos ou desenhos, conseguem falar de si e de seus sentimentos sem precisar encarar o outro.

Ficar à vontade... Que missão difícil para alguém com estilo evitativo. Mas viver é preciso, e esses indivíduos acabam bolando estratégias para superar, ainda que timidamente, o **temor**, quase sempre infundado, de que serão rechaçados. Quando não conhecem uma pessoa – ou conhecem pouco –, escondem-se por trás de um comportamento social comedido. Aos olhos dos outros, também se destacam por não emitir julgamentos rasos.

"Não conto troco para não parecer que estou desconfiando", diz um rapaz de 33 anos, diagnosticado com esse traço, ao enumerar o que batizou de "regras de convivência": "Finjo mexer no celular se alguém se aproxima"; "Não consigo pedir licença para passar"; "Se chega uma visita, cumprimento e digo que preciso estudar, mesmo que não tenha nada para fazer". Ou seja, são pessoas que ficam ansiosas e podem sofrer oscilações emocionais diante de desconhecidos (ou nem tanto). Nessas horas, o medo da rejeição novamente fala mais alto, e elas assumem a postura do tímido educado.

Porém, se pudessem, gostariam mesmo é de se mimetizar no ambiente e sumir. Estar ali sem aparecer. Ou então ter um acessório mágico que, cobrindo-lhes o rosto, assegurasse uma nova personalidade. Como no filme *O Máskara*, no qual Jim Carrey interpreta um tipo solitário, desprezado e fracassado que, após ser expulso de uma festa, encontra a tal máscara. Quando a coloca, ele vira o centro das atenções. O outrora pacato bancário perde o controle. "Alguém me segure", pede o personagem, numa fala impensável para um evitativo de cara limpa.

DIAGNÓSTICO

O comportamento evitativo costuma dar seus primeiros sinais na infância. Crianças tímidas, isoladas e com medo de desconhecidos ou de novidades podem desenvolver o transtorno na vida adulta.

Porém, isso não significa que a timidez em crianças ou adolescentes seja, necessariamente, um indício de problema futuro. Muitas vezes, trata-se de atitudes normais do desenvolvimento.

Para fazer o diagnóstico, a Associação Americana de Psiquiatria aponta sete características:

- Evitam atividades profissionais que incluam contato interpessoal significativo;
- Não se envolvem com outros sem a certeza de que serão bem recebidos;
- São reservados nos relacionamentos íntimos, por vergonha ou medo do ridículo;
- Preocupam-se com críticas e rejeições;
- Ficam inibidos para conhecer gente nova, por se sentirem inadequados;
- Acreditam ser socialmente incapazes, sem atrativos e inferiores aos demais;
- Relutam exageradamente em assumir riscos ou fazer coisas novas. ●

O transtorno de personalidade evitativo é igualmente frequente em homens e mulheres. Trata-se de indivíduos que apresentam ansiedade intensa no contato interpessoal, o que lhes causa sofrimento excessivo e interfere em seu cotidiano. Eles têm medo do ridículo e de ser o centro das atenções, por exemplo. Também acreditam que um comentário qualquer pode ser sobre algum erro que cometeram. Pessoas com esses traços de personalidade costumam se sentir alvo de gozações.

DIFICULDADES NA CONVIVÊNCIA

No perfil do indivíduo com o estilo evitativo, algumas características podem tornar a convivência bem complicada. Ele se revela excessivamente ansioso e autocrítico, o que causa mal-estar a si mesmo e aos outros. Além disso, também é fóbico, inseguro e medroso. Sem falar que, pela total falta de autoconfiança, tende a agir e pensar de forma pessimista.

FERRAMENTAS PARA A CONVIVÊNCIA

Como lidar com quem apresenta traços evitativos? Fidelidade e carinho são as palavras de ordem, pois essas pessoas precisam se sentir valorizadas, principalmente em seu pequeno círculo social. Se você faz parte desse seleto grupo, aceite-as como elas são, sem tentar incentivá-las ostensivamente a deixar o casulo. Claro que ajudá-las a ganhar mais confiança e a superar o temor da rejeição é importante, mas não espere que mudem de personalidade, porque isso dificilmente acontecerá. Elas jamais serão a alma de uma festa, por exemplo, o que não as impede de conviver tranquilamente com o outro, desde que respeitem seu jeito reservado.

A ajuda de profissionais especializados também pode ter efeitos positivos. Um dos objetivos do tratamento é dar ferramentas ao paciente para lidar melhor com as situações que lhe causam ansiedade. Ele é levado a se expor com quem se relaciona melhor e, aos poucos, pode se mostrar mais para os indivíduos com quem tem menos intimidade. A terapia cognitiva comportamental vem se mostrando útil, por meio de recursos que envolvem treinamento social e desenvolvimento de habilidades: como iniciar e manter uma conversa, falar em público, fazer e aceitar elogios e críticas, expressar sentimentos e opiniões e defender os próprios direitos, entre outras ações importantes para uma convivência social sem maiores atropelos.

Acima de tudo, é preciso respeitar o desejo de solidão de indivíduos com essa natureza. A banda inglesa Depeche Mode, na música "Enjoy the silence", canta:

Palavras são como a violência
quebram o silêncio
vêm colidindo
dentro do meu pequeno mundo

OBSESSIVO-
-COMPULSIVO:
"LINHA DURA."

"Quando Marcos não está por perto, seus amigos adoram chamá-lo de Boris. É uma brincadeira que faz alusão ao personagem principal de *Tudo pode dar certo*, filme de Woody Allen que mostra um cidadão avesso a qualquer fato que modifique sua rotina. Em casa, o apelido é outro: Melvin. A mulher e as filhas enxergam no chefe da família alguns traços do comportamento repetitivo do protagonista de *Melhor é impossível*, interpretado por Jack Nicholson. Marcos é realmente muito metódico. Sua vida parece seguir uma planilha. Acorda às 7h, toma banho em dez minutos (ligando e desligando o chuveiro para economizar água) e, às 7h20, está sentado à mesa do café da manhã. Todos os dias toma uma xícara de café, com duas gotas de adoçante, e prepara um sanduíche de pão integral com duas fatias de queijo prato e duas de presunto. Outro dia mesmo, brigou com a empregada, que, em vez de presunto, serviu peito de peru. Após a refeição, pega um terno no armário – todos comprados na mesma loja – e a camisa e a gravata previamente separadas. No fundo, acha bom só ter filhas. Assim, ninguém mexe em seu armário. Pontualmente às 7h50, está pronto para entrar no carro e dirigir por 27 minutos até a multinacional onde ocupa um alto cargo. O rádio está sempre sintonizado na estação que fornece informações sobre o trânsito: Marcos odeia chegar atrasado por conta de algum imprevisto. Do estacionamento ao escritório leva três minutos, e ele se senta em sua cadeira às 8h20. Hoje, a reunião começa em dez minutos, mas o executivo precisa repassar o cronograma (no qual trabalhou sem parar nos últimos dez dias), repetir mentalmente seu discurso decorado (imagine improvisar e errar!) e decidir onde cada um de seus colegas ficará. Não quer um lápis fora do lugar. Afinal de contas, sua fama de perfeccionista, para o bem ou para o mal, é uma lenda dentro da empresa. Particularmente, ele nunca está satisfeito com o que faz e gasta muito tempo e muita energia tentando refazer suas tarefas inúmeras vezes. Com isso, tem pouco tempo para a família e para o lazer. Quando as filhas eram mais novas, exigia delas desempenho excepcional: mesmo as notas dez eram vistas como obrigação. A linha dura deixou sequelas. Uma virou caramujo e a outra, para desespero de Marcos, é totalmente 'bicho solto'. Sem rotina, nem padrão de comportamento... O único momento em que ele relaxa é na pelada, aos sábados, mas logo fica irritado se chega para jogar e um de seus companheiros de time faltou. Às sextas-feiras, janta no mesmo restaurante que frequenta há vinte anos, com a mulher e os dois casais de amigos de sempre. Na volta, assiste a um ou dois episódios de sua série favorita. Todo ano, quando as férias se aproximam, não esconde o desagrado. Acredita que seus funcionários não fazem nada direito quando ele não está por perto. E sua mulher insiste em viajar para lugares exóticos, hospedar-se em hotéis caros e fazer compras desnecessárias. Certa vez, sem consultá-lo, comprou passagens na classe executiva. Um desperdício, na opinião dele, que prefere poupar para o caso de uma despesa inesperada no futuro. Desta vez, Marcos bem que tentou convencer a mulher a ficar em casa, mas acabou aceitando passar dez dias fora. Ele já organizou a agenda dos passeios que irão fazer e dos lugares que irão visitar. Essa história de sentar e apreciar a paisagem não é mesmo para ele."

PERFECCIONISMO.

Eis a palavra que expressa uma das principais características de quem apresenta transtorno de personalidade obsessivo-compulsivo. Como nunca consideram o que fazem suficientemente bom, as pessoas com essa perturbação gastam muito tempo e muita energia com detalhes, regras, formalidades ou listas, a ponto de poderem perder o foco da tarefa principal. Em geral, são comedidas e cautelosas e evitam excessos. Assim como Marcos, tendem a apresentar um padrão difuso de preocupação com ordem, perfeccionismo e controle mental e interpessoal, à custa de flexibilidade, abertura e eficiência. É comum vê-las com uma aparência mais contida e usando um vocabulário formal, sem gírias ou palavrões. Numa expressão mais antiga, seriam definidas como caretas. "Sou casada há vinte anos e tenho certeza de que meu marido é um santo, para aguentar meus rituais. Às vezes, cismo que precisamos marcar dia e hora para termos qualquer intimidade", explica uma paciente de 37 anos.

Radical mesmo só a dedicação aos deveres e obrigações: o indivíduo obsessivo-compulsivo pode passar horas numa tarefa, até que lhe pareça perfeita. E, talvez, nunca esteja a contento, o que lhe causa insatisfação. Ele se impõe altos padrões de desempenho e, se tiver dificuldade para cumpri-los, acaba gerando sofrimento para si. "Raramente consigo entregar um trabalho no prazo", comenta um estudante de literatura, num grupo fechado da internet. "Reviso letra por letra e acabo me atrasando. E nunca fica do jeito que eu gostaria."

Lógico que tanta preocupação em cumprir tarefas acaba tendo consequências em outras áreas da vida. Poucas vezes essas pessoas encontram tempo para relaxar. É comum ouvir que passam anos sem tirar férias. "Não entendo muito bem essa história de dar um tempo. Tenho milhões de coisas para fazer, e o calendário é curto", relata, no consultório, um paciente de 35 anos.

Se, por acaso, forem convencidas a tirar uns dias de folga, pode esperar tudo, menos que elas fiquem de papo para o ar. A agenda estará lotada de atividades de lazer, de livros para ler, de lugares para visitar e pontos turísticos para conhecer. Em resumo, farão de tudo para manter uma rotina. Sabe aqueles amigos que sempre viajam para os mesmos lugares e frequentam os mesmos restaurantes? Pois é, são assim os indivíduos com essa natureza. Mesmo em momentos de lazer, a agenda fica cheia de atividades. Alguns podem até levar tarefas do trabalho na viagem, para não perder o contato com suas obrigações.

Com os amigos, também preferem encontros em atividades organizadas, como o tradicional futebol aos domingos. É preciso entender que, para essas pessoas, tudo precisa ser meticulosamente **organizado** e planejado, seja um churrasco em família ou a apresentação de uma proposta de trabalho. “Preparo a festa de aniversário dos meus filhos com um ano de antecedência”, conta a mãe de duas crianças, de 8 e 5 anos, diagnosticada com esse transtorno. “Sei exatamente quantos docinhos os convidados comeram em cada uma delas”, completa.

Passatempos e atividades de lazer são levados realmente a sério. Portanto, exigem organização criteriosa e trabalho duro para serem realizados, sempre visando a perfeição. Esses indivíduos podem transformar jogos e brincadeiras em tarefas estruturadas.

O perfeccionismo e os padrões elevados de desempenho autoimpostos acabam sendo fonte de desconforto e sofrimento para pessoas com marcante traço obsessivo-compulsivo. Essa faceta costuma aparecer na forma de **dúvidas** incessantes sobre o que fazer, escolher, comprar e falar, pois nada parece suficientemente perfeito.

Na ficção, não faltam exemplos de personagens com estilo obsessivo-compulsivo, como o detetive Hercule Poirot, criado por Agatha Christie. Dotado da chamada "memória fotográfica" – por sinal, característica frequentemente atribuída à pessoa do tipo –, o detetive consegue registrar a cena de um crime com tanto detalhe, que qualquer coisinha fora de ordem é identificada num primeiro olhar.

Esse talento, porém, também faz Poirot se irritar quando percebe, por exemplo, que num restaurante os talheres não estão numa posição simétrica em relação ao prato. "Poirot gostava bem menos das outras tradições relacionadas àquele café: ter de posicionar os talheres, os guardanapos, o copo d'água corretamente, ao chegar e se deparar com tudo desalinhado." Para as garçonetes, bastava que os itens estivessem em algum lugar – qualquer um – da mesa. Poirot discordava e "fazia questão de impor a ordem assim que chegava", diz um trecho de *Os crimes do monograma*, livro escrito por Sophie Hannah, com o personagem de Agatha Christie.

Na sociedade moderna – e, em especial, no mundo corporativo –, esse estilo tende a ser valorizado. Qual chefe não gosta de ter um funcionário que passa horas no escritório, em detrimento de atividades de lazer ou entretenimento e que pauta sua vida pelo respeito à **hierarquia**, à **ordem** e à **rotina**? Em algum momento de nossas vidas já nos deparamos (ou vamos nos deparar) com pessoas que vão muito além do expediente e que ainda recriminam quem cumpre o horário. Para os superiores, é um achado, mas, num grupo, a comparação pode criar constrangimentos em relação a quem não trata as obrigações profissionais da mesma forma. E não se espante ao descobrir que o indivíduo com esse traço acha natural agir assim. "Não considero que não tenho tempo para outras coisas além do trabalho. Pelo contrário, organizo uma agenda com horários e em geral consigo cumpri-la muito bem, incluindo meus afazeres além do trabalho, tais como lazer e família", diz um administrador de empresas de 55 anos, no consultório.

Fora do mundo corporativo, também não é difícil encontrar pessoas com rotinas de atividades que as levam às raias da exaustão. Jantares, trabalhos voluntários, encontros beneficentes, lançamentos de livros. Tudo é programado. Da cor da roupa ao modelo do sapato, nada pode destoar do padrão. As revistas de moda e beleza estão aí justamente para explicitar, por exemplo, a ditadura deste ou daquele estilo. É bem provável que você conheça alguém que não sai de casa se não estiver com o cabelo alisado com perfeição (e haja chapinha) ou com os cachos desenhados milimetricamente, sem um fio fora do lugar. "Cheguei atrasada no casamento da minha melhor amiga porque meu cabelo não ficava do jeito que eu queria. Foram três horas no salão", conta uma paciente de 26 anos, identificada com esse traço.

Nesse ponto é preciso fazer uma distinção entre o transtorno de personalidade obsessivo-compulsivo e o transtorno obsessivo-compulsivo, o popular TOC. O TOC é um transtorno de ansiedade caracterizado por obsessões e compulsões. São indivíduos que podem lavar as mãos sem parar, contar quantas vezes mastigam ou conferir incessantemente se a porta está de fato fechada. Muitas vezes, o TOC é uma comorbidade do transtorno de personalidade obsessivo-compulsivo. É exatamente o que ocorre com o personagem Melvin do filme *Melhor é impossível*, que possui traços das duas patologias.

A busca incessante por uma perfeição que sempre parece inalcançável pode gerar uma mania de organização, mas não apenas no sentido clássico. Indivíduos com esse estilo chegam ao extremo de contratar, por exemplo, um pendurador de quadros – profissional que planeja milimetricamente em que lugar da parede uma obra de arte ficará melhor – ou um *personal organizer* para manter as roupas de seu closet separadas por cores e tamanhos.

"Com o tempo, aprendi a conviver com a bagunça do meu filho. Para isso, estabeleci em mim certas fronteiras físico-geográficas. Simplesmente considero que o quarto dele não faz parte das áreas comuns da casa. É como se estivesse num bairro vizinho. Portanto, não é o meu **território** que está bagunçado", explica um paciente de 43 anos, com traços acentuados de perfeccionismo rígido.

"Na casa da minha tia, ninguém se mete na cozinha. Você pode deixar a louça brilhando, mas ela vai encontrar algum defeito. E nem pense em largar a pia molhada", diz uma paciente.

Algumas pessoas que apresentam o estilo obsessivo-compulsivo também desenvolvem a incapacidade de descartar objetos usados, mesmo quando não têm valor material nem afetivo, o que pode se tornar motivo de conflito com alguém próximo. "Fiquei furioso porque minha mãe jogou fora os jornais que eu guardava há anos", conta um jovem paciente.

Muitos se tornam colecionadores compulsivos e reúnem moedas, selos, chaveiros e toda sorte de quinquilharias. Outros criam uma ordem própria em meio ao que parece caótico e odeiam a intromissão alheia. "Minha mulher diz que é bagunça, mas encontro qualquer coisa no escuro", afirma um rapaz em uma rede social. Quando esse traço é exagerado, talvez o indivíduo também tenha um transtorno de acumulação. Por vezes, os dois diagnósticos são simultâneos.

Extremamente **autocríticos** e impiedosos consigo mesmos, imagine como indivíduos desse traço avaliam o outro. Um bom exemplo são os pais que sempre exigem notas maiores dos filhos e nunca estão satisfeitos com menos de 10. "Na primeira prova de matemática que fiz na vida, tirei 97. Em vez de elogiar, meu pai perguntou: 'Por que você não tirou 100?'" Vários de nós ouvimos essa frase, mas ela não tem maiores consequências. Porém, na memória de uma pessoa com transtorno de personalidade obsessivo-compulsiva, a **cobrança** costuma ser marcante. E, sem perceber, ela acaba repetindo esse padrão de exigência ao longo da vida.

Com relação a dinheiro, pessoas com estilo obsessivo-compulsivo podem se tornar **sovinas**. Provavelmente, seguem à risca o velho ditado: "Um homem prevenido vale por dois." Chegam a manter um padrão de vida abaixo de suas condições, apenas por acreditar que os gastos devem ser rigidamente controlados para garantir o sustento em possíveis momentos futuros de necessidade. Quem gosta de quadrinhos, logo identifica esse traço no Tio Patinhas, o milionário criado por Walt Disney. Ele guarda toda a sua fortuna numa caixa-forte, praticamente inexpugnável e que costuma usar como piscina. Trata a moedinha número 1 como se fosse um filho – por sinal, de tão apegado ao dinheiro, não tem tempo para mais nada. Quando precisa resolver um problema, é capaz de passar horas andando num círculo perfeito, dentro de sua sala.

Apesar da dedicação extrema aos deveres, o obsessivo-compulsivo consegue manter relações amorosas de longo prazo. Avesso a mudanças, dificilmente muda de parceiro com frequência. Na prática, é fiel, cuidadoso e responsável com o companheiro. Os versos de "Cotidiano", de Chico Buarque, coincidem com a descrição do comportamento desse indivíduo:

Todo dia ela faz tudo sempre igual
Me sacode às seis horas da manhã
Me sorri um sorriso pontual
e me beija com a boca de hortelã

Só não espere arroubos de paixão: é um gesto que não combina com alguém desse tipo, que, aos olhos do outro, pode parecer frio, distante ou monótono. Talvez, ele mande flores no aniversário de casamento, mas só porque esse é o padrão a seguir. Mas um presente fora de hora ou uma declaração de amor inesperada não são típicos dele.

A explicação é simples. Como segue à risca o mantra do perfeccionismo, o obsessivo-compulsivo desconhece o significado da palavra espontaneidade. Quer tirá-lo do sério? Experimente propor uma mudança nos planos do fim de semana ou questionar algum ponto da planilha que ele traçou para as férias

– lógico que essa planilha inclui todos os pontos turísticos, horários de funcionamento das atrações e informações suficientes para deixar qualquer guia no chinelo. Ouvir expressões como "será que" ou "e se" podem deixá-lo fora de prumo.

Assim, obsessivos-compulsivos reagem mal quando alguém surge com uma solução criativa para um problema. Teimosos e **rígidos**, eles acreditam que só existe uma maneira de fazer as coisas e, para evitar surpresas, relutam em delegar tarefas ou trabalhar em conjunto. Como acham que ninguém é capaz de fazer alguma coisa tão bem quanto eles, não gostam de aceitar ajuda. Querem que os outros se amoldem ao seu comportamento e defendem essa ideia de maneira turrona e irracional. Suas instruções são absolutamente detalhadas – pense em frases como "corte cada cubinho de carne com dois centímetros" ou "molhe as plantas duas vezes ao dia, impreterivelmente às 8h e às 19h".

Pessoas com esses traços de personalidade consideram que todos devem seguir seu padrão de comportamento. Se ele não pede dinheiro emprestado, por que socorrer um amigo em dificuldades financeiras? Se está casado há tanto tempo, por que ter paciência com quem pula de galho em galho? A faceta **moralista** e conservadora faz parte do seu jeito de pensar, pois considera que a sociedade como um todo deve estar assentada em bases sólidas e bem detalhadas. Trata-se de pessoas que tendem a seguir princípios morais rígidos e padrões austeros de comportamento e obrigam quem está por perto a agir da mesma maneira. Em contrapartida, são extremamente honestas e íntegras.

É claro que esse comportamento **inflexível** resulta em dificuldade para fazer novos amigos. As relações cotidianas dos indivíduos com traço obsessivo-compulsivo são sérias e formais. Eles esperam conhecer bem as pessoas antes de conceder algum tipo de intimidade. Jamais demonstram afeto em público e podem se sentir desconfortáveis na companhia de quem se expressa com emoção. Mesmo nos círculos mais íntimos, parecem sisudos, e é difícil arrancar-lhes uma gargalhada. Acreditam, ainda, que é preciso pensar muito antes de agir.

No consultório, um rapaz conta suas desventuras com uma amiga em viagem pela França. Embora tivesse estudado francês por anos, a garota empacava toda vez que precisava pedir informação. Para que o passeio não se tornasse um desastre, ele começou a se virar do jeito que podia, mesmo com seus parcos conhecimentos da língua. Acabou repreendido pela amiga, por falar errado. "Só então entendi que ela não falava por achar que não sabia a maneira correta. A necessidade de mostrar um francês perfeito teve um efeito paralisante", observou ele.

DIAGNÓSTICO

O transtorno de personalidade obsessivo-compulsivo aparece duas vezes mais nos homens do que nas mulheres. É importante observar que algumas sociedades valorizam excessivamente o trabalho e a produtividade, levando as pessoas a desenvolverem comportamentos que não devem ser confundidos com o transtorno.

Para a Associação Americana de Psiquiatria, o diagnóstico envolve oito traços:

- Preocupação excessiva com regras, organização e horários;
- Perfeccionismo que atrapalha a conclusão de tarefas;
- Tendência a preferir o trabalho ao lazer;
- O indivíduo aparenta ser inflexível e escrupuloso em relação à moral, à ética e aos valores;
- Dificuldade em descartar objetos usados, mesmo quando não servem mais;
- Relutância em delegar tarefas ou trabalhar em equipe;
- Preocupação exagerada em poupar para o futuro, que pode levar à sovinice;
- Comportamento rígido e teimoso. ●

DIFICULDADES NA CONVIVÊNCIA

O senso crítico exagerado, consigo e com os outros, pode causar muitos danos ao indivíduo obsessivo-compulsivo e às pessoas a seu redor. Ele também é autoritário e inflexível. Perfeccionista ao extremo, acaba se tornando indeciso: reluta em agir, justamente por medo de errar. Porém, é impiedoso e implacável com o erro alheio.

Moralista, segue padrões rígidos de comportamento e de rotina. Trata o dinheiro com cuidado especial – prefere abrir mão de um estilo de vida condizente com seus recursos para poupar, pensando em possíveis problemas futuros.

FERRAMENTAS PARA A CONVIVÊNCIA

Caso você conviva com um obsessivo-compulsivo, enfrente a relação com bom humor e tolerância. Se ele é inflexível, mostre-se disposto a permitir que mantenha seus hábitos e evite contrariar seus planos. No ambiente de trabalho, o melhor é respeitar a hierarquia. Com um chefe obsessivo-compulsivo, nada de descontração e informalidade. Com um subalterno, basta ter respeito e manter a formalidade. Eles se sentem melhor assim.

Nas questões que costumam causar muito mal-estar – como o rígido padrão moral e a mesquinharia –, melhor compreender que são traços de comportamento, e nada pessoal. A pessoa com esse transtorno age da mesma maneira com todo mundo, e não apenas com você. Portanto, se ela é *workaholic*, você perderá seu tempo se ficar cobrando atenção. E nada de mudar de ideia de uma hora para outra ou fazer propostas ousadas.

Saiba, também, que o fato de ele não demonstrar afeto nada tem a ver com sentimento, e sim com sua dificuldade para expressar emoções. Outro detalhe importante: a sensação de insuficiência que ele lhe deixará não significa que você não tem valor ou que não desempenhou satisfatoriamente uma atividade.

SALVANDO A PRÓPRIA PELE

Quem convive com algum psicopata do cotidiano precisa entender que criar falsas esperanças sobre a mudança do outro pode ser uma armadilha. A primeira modificação para a melhor convivência, evitando experiências traumáticas, terá que acontecer em você. Entenda nas perguntas e respostas abaixo o ambiente ao seu redor para que você consiga administrar essa convivência da melhor forma possível:

O que é personalidade normal?

Personalidade é o resultado da combinação do temperamento e do caráter, ou seja, a combinação de fatores constitucionais e ambientais. Temperamento é a disposição emocional regulada biologicamente e herdada. Já o caráter se forma ao longo do desenvolvimento, em consequência da interação com tudo que vivenciamos no ambiente. Uma vez que a **personalidade** é uma estrutura dinâmica, a **normalidade** torna-se intrínseca à capacidade de **flexibilidade** e adaptação aos diversos estímulos do cotidiano.

Um temperamento pode ser melhor do que outro?

Todos temos alguma variedade de temperamento. Mas é possível identificar alguns tipos predominantes em meio a essa diversidade, cada um com expressões positivas e negativas. Assim, observar o temperamento desde a infância, estimulando as manifestações construtivas e minimizando as destrutivas, mostra-se uma das mais importantes profilaxias para a formação de personalidades saudáveis.

Mau caráter e bom caráter? Isso existe?

Podemos falar em caráter imaturo e amadurecido. O processo de amadurecimento do caráter está ligado ao reforço dos aspectos do que chamamos de objetividade e responsabilidade; empatia e cooperatividade; e autotranscendência. Portanto, uma pessoa de caráter imaturo tem maior propensão a culpar o outro por suas frustrações, apresentando problemas de socialização devido a seu egocentrismo. As diversas instituições envolvidas no processo de socialização (escola, família) devem promover ações psicoeducativas, que introjetem valores como dignidade, autonomia, autoestima e limites bem definidos, para evitar o surgimento de aspectos patológicos da personalidade.

Como suspeitar de um transtorno específico da personalidade ou de um traço patológico da personalidade?

Quando o excesso de rigidez e a repetição de aspectos comportamentais, a partir da adolescência, assumem um padrão negativo, que causa prejuízos diversos nas relações interpessoais, podemos ter o indicativo de um traço patológico de personalidade.

A partir de que idade posso identificar traços patológicos de personalidade?

Diversos transtornos deixam indícios desde cedo, por meio de características como instabilidade de humor, impulsividade, baixa autoestima, tendências à automutilação, manipulações, mentiras, hostilidade, isolamento, anorexia e bulimia. No entanto, não se deve apressar qualquer classificação precoce, uma vez que essas manifestações podem ser expressões comportamentais da adolescência, período no qual a personalidade ainda está em formação.

Transtornos da personalidade podem estar associados a outros transtornos psiquiátricos?

A comorbidade é muito comum e, em geral, o prognóstico se torna pior quando há um transtorno de personalidade associado. Quadros de depressão ou de ansiedade, por exemplo, têm pior prognóstico quando há associação com um transtorno de personalidade específico. Em relação aos demais estilos, indivíduos borderline podem desenvolver bulimia; esquizotípicos podem ter surtos psicóticos; e evitativos podem apresentar fobia social.

Qual é a perspectiva de melhora com a idade?

Alguns transtornos pioram com a idade. É o caso do narcisista, por exemplo. Já o borderline e o antissocial tendem a melhorar com o passar dos anos.

Há cura?

Em geral, o prognóstico é difícil e as intervenções terapêuticas, embora úteis, encontram limitações. A medicação funciona bem para as comorbidades, melhorando a qualidade de vida do indivíduo. Além disso, terapias têm se mostrado promissoras, em especial, as cognitivo-comportamentais.

Desconfio que alguém próximo apresenta características de um transtorno de personalidade. O que fazer?

Primeiro passo: sugira que a pessoa busque tratamento, ainda que seja para negar a suspeita. Caso ela se recuse a procurar ajuda, você mesmo pode consultar um especialista, para ajudá-lo a lidar com as diversas situações que lhe serão impostas. Indivíduos com transtorno de personalidade tendem a inserir sentimentos de culpa, insuficiência e inferioridade nas pessoas com quem convivem. Portanto, tenha em mente que você não é vítima – tampouco o outro é carrasco. Pessoas com transtornos de personalidade seguem o mesmo padrão de comportamento. Compreender que o problema, apesar de lhe afetar, é menos pessoal do que parece, ajuda a tornar a relação mais saudável.

O INFERNO SÃO OS OUTROS

A essa altura, provavelmente, você já identificou as Paulas, Rodrigos, Ronaldos, Sandras e Marcos e tantas outras pessoas perturbadas/perturbadoras que estão ao seu redor. Talvez tenha compreendido por que alguns indivíduos lhe causam contínuo mal-estar. É natural que surjam perguntas: será que meu filho tem um traço desses? Como identifico uma característica patológica de personalidade? Há cura para essas perturbações?

Alguns traços incipientes começam a aparecer na transição da infância para a adolescência. É o caso de esquizoides e esquizotípicos. Crianças muito caladas, com dificuldade de interação, que usam um linguajar incomum – ou inventam palavras – e preferem se vestir de maneira pouco convencional, entre outras características, merecem um olhar mais atento e a avaliação de um profissional. Outros indícios tornam-se evidentes precocemente no estilo antissocial. Mentir demais, ser muito agressivo – com um histórico de brigas no colégio, por exemplo –, ter dificuldade para lidar com hierarquia e autoridade são indicativos de um transtorno de conduta.

Uma frase do filósofo francês Jean-Paul Sartre ajuda a entender como as pessoas com transtornos de personalidade enxergam o mundo: para eles, **o inferno são os outros**. No dicionário desses indivíduos, não há espaço para palavras como flexibilidade e maleabilidade. São emocionalmente rígidos e sedimentados. Invariáveis em seus princípios, criam expectativas além do palpável e transformam qualquer frustração normal da vida num obstáculo intransponível.

O predador só existe porque há uma presa. O jogo de caça e caçador tende a ampliar as consequências nocivas da relação. Pessoas constantemente perturbadas por alguém e que não agem para salvar a própria pele acabam, em algum momento, se tornando perturbadores, num traumático efeito dominó. O funcionário humilhado pelo chefe reproduz o comportamento abusivo com a esposa. Submetida à tirania do marido, ela poderá tratar os filhos de maneira igualmente arbitrária, e por aí vai.

Nem tudo estaria resolvido se ele mudasse radicalmente, nem a situação seria totalmente diferente caso você modificasse seu modo de agir por completo. Saiba também que enfrentar ou confrontar um indivíduo com transtorno de personalidade terá efeito nulo. Ou pior, pode tornar a convivência ainda mais traumática. Então, quando perceber que a situação se tornou insustentável, não hesite: peça ajuda profissional.

Essa ajuda será valiosa porque, muitas vezes, pessoas com transtornos de personalidade apresentam quadros de comorbidade que requerem mais atenção. Indivíduos do grupo A (esquizoide, esquizotípico e paranoide) podem manifestar surtos psicóticos. Já os do grupo B (antissocial, borderline, histriônico e narcisista) e os do grupo C (dependente, evitativo e obsessivo-compulsivo) tendem a ter quadros de ansiedade e depressão.

Em termos de terapia, é possível usar técnicas que levem o indivíduo a reconhecer o que ele faz e o que suas atitudes inflexíveis e dificultadoras causam aos outros. Em relação à medicação, antipsicóticos podem fazer algum efeito em pessoas com transtornos do grupo A. Para o grupo B, a saída são os anticonvulsivos e os estabilizadores, que ajudam a equilibrar o humor desses pacientes. O grupo C tende a apresentar melhores resultados com antidepressivos e remédios para diminuir a ansiedade.

Portanto, se você permanentemente tem a sensação de ser vítima ou de que alguém abusa ou invade o seu espaço, pode estar diante de uma encruzilhada. Ou você tem de menos o que a outra pessoa tem de mais, ou age de forma parecida à da pessoa que considera fonte de seu sofrimento. É imprescindível procurar o gancho que lhe prende ao outro. E saiba que você não está enjaulado ou encurralado: essa gaiola é imaginária e não está trancada. Você pode sair dela quando quiser.

Bibliografia

1984 – ORWELL, George
A civilização do espetáculo – LLOSA, Mario Vargas
A máscara da sanidade – CLECKLEY, Hervey
A metamorfose – KAFKA, Franz
As personalidades psicopáticas – SCHNEIDER, Kurt
Cartas a Felice – KAFKA, Franz
Classificação estatística internacional de doenças e problemas relacionados com a saúde (CID 10) – Organização Mundial da Saúde
Correspondência – ESPANCA, Florbela
Cyrano de Bergerac – ROSTAND, Edmond
Dom Quixote – CERVANTES, Miguel de
Hare psychopathy checklist, revised: 2ª edição – D. HARE, Robert
Harry Potter – ROWLING, J. K.
Livro do desassossego – PESSOA, Fernando
Madame Bovary – FLAUBERT, Gustave
Manual de diagnóstico e estatística dos transtornos mentais, 5ª edição (DSM-5) – Associação Americana de Psiquiatria
Manual de transtornos de personalidade – CABALLO, Vicente E.
Neurobiologia da personalidade - NATRIELLI FILHO, Décio Gilberto
No estoy seguro de que internet haya mejorado el periodismo – ECO, Umberto (entrevista ao jornal El Mundo)
O apanhador no campo de centeio – SALINGER, J. D.
O diário de Bridget Jones – FIELDING, Helen
O psicopata Americano – ELLIS, Bret Easton
O retrato de Dorian Gray – WILDE, Oscar
O senhor dos anéis – TOLKIEN, J. R. R.
Objetos cortantes – FLYNN, Gillian
Os crimes do monograma – HANNAH, Sophie
Personalidade e psicopatologia – CLONINGER, C. R.
Poesias inéditas – PESSOA, Fernando
Por dentro do psicopata – FALLON, James
Schizophrenia: putting context in context – PARK, Sohee; LEE, Junghee; FOLLEY, Bradley; KIM, Jejoong
Temperamento e humor: uma abordagem integrada da mente – LARA, Diogo
Transtornos de personalidade – CORDÁS, Táki A.; NETO, Mario Rodrigues Louzã
Transtornos de personalidade e doença mental franca – BALLONE, GJ

Agradecimentos

A Rosinha Sura, minha mãe, pelo olhar atento, estímulo contínuo e incansável;

A Ezra Henrique, pelo entusiasmo, dedicação e apoio fundamental para que este livro se tornasse realidade;

A Ian, Eliza, Davi e Jordana, que sempre me incentivam a buscar algo mais;

Aos mestres Miguel Chalub, Mauro Mendlowicz e Talvane de Moraes, pela infinita sabedoria;

Aos alunos Eduardo Pinho Braga, Fred Franklin da Silva Batista, Gabriela Alves Huber Mendes e Rafael Lani Louzada, pelas importantes contribuições e pelo estímulo;

Aos meus pacientes, pelo aprendizado diário e pela troca positiva e frutífera;

Muitos são os amigos e familiares a quem gostaria de agradecer. Como não há espaço para citar todos, relaciono os que tiveram contato com a obra e fizeram importantes críticas e sugestões: Alexandre Valença, Mariana Donner, Gisele e Beatriz Kreimer, Adriana Ozorio, Valéria e Sofia Kampel e Marco Túlio de Castro Carvalho;

A equipe da Casa da Palavra, em especial a Martha Ribas, Fernanda Cardoso, Jacqueline Menaei e Breno Barreto, pela confiança depositada em meu trabalho;

À jornalista Leticia Helena, parceira na construção destas páginas;

A Ricardo Braga, pelo companheirismo, pela revisão, pelas sugestões, e pelos acréscimos inestimáveis.

papel de miolo	Pólen Soft 70g/m ^{2}
papel de capa	Cartão supremo 250g/m ^{2}
tipografia	Mercury
gráfica	Oceano